Jutta Grasske

KiWi 220

Über das Buch
Dieses Buch ist kein Beitrag zur – gegenwärtig an Umfang und Bedeutung zunehmenden – Debatte über Euthanasie und Sterbehilfe. Es ist ein Buch **gegen** diese Debatte, und zwar in jeder Form. Es richtet sich gegen die Aufhebung des Tabus, Lebensrechte von Menschen in Frage zu stellen, und gegen den Versuch, diese Aufhebung mit dem Recht auf freie Meinungsäußerung zu legitimieren. Für den Autor hat Meinungsfreiheit dort ihre Grenzen, wo Meinungsäußerung zur tödlichen Bedrohung von Menschen wird. Und das geschieht dann, wenn das Begriffspaar »lebenswert-lebensunwert« (wieder-)eingeführt wird, wenn wieder öffentlich darüber nachgedacht wird, ob und inwieweit das Existenzrecht bestimmter Menschen und Menschengruppen, z.B. Schwerbehinderter, zur Disposition gestellt werden darf.

Der Autor
Franz Christoph, geboren 1953, Ausbildung als Industriekaufmann, seit 1975 aktiv als Initiator und Mitglied der Krüppelbewegung, die das Ziel hat, »sich von der Anpassung an Nicht-Behinderte zu befreien«. Franz Christoph greift 1981, im Jahr der Behinderten, den damaligen Bundespräsidenten Carstens tätlich an, um auf die Rechtlosigkeit der Behinderten hinzuweisen. Seit längerem tätig als freier Autor für SPIEGEL, Natur, Sozialmagazin, WDR usw.

Franz Christoph

Tödlicher Zeitgeist

Notwehr gegen Euthanasie

Kiepenheuer & Witsch

Umschlag Manfred Schulz, Köln
Umschlagfoto Gesche-M. Cordes
Satz Froitzheim, Bonn
Druck und Bindearbeiten Clause & Bosse, Leck
ISBN 3 462 02052 8

Inhalt

Gesundheit und Krankheit

Die Öffentlichkeit und die Behinderten

Behinderte und Normale – Ein gestörtes Verhältnis

Was tun?

Einleitung

Wenn Behinderte sprechen – Alltagspsychiatrisierungen

Als ich mich im Juni 1989 vor dem Redaktionsgebäude des Hamburger Wochenblattes DIE ZEIT ankettete, um gegen einen dort erschienenen Euthanasieartikel zu protestieren, erschien nach einiger Zeit einer der verantwortlichen Redakteure und wandte sich an die anwesende Presse. Er erklärte, es sei sehr schwierig, mit einem »Betroffenen« über das Thema Euthanasie zu diskutieren. Womit er auch zeigte, wie weit für ihn der Kreis der Bedrohten gefaßt ist. Der Kern seiner Aussage jedoch war, mich doch bitte nicht ernst zu nehmen, da ich zu verbittert sei und daher zwangsläufig zu unsachlichen Argumentationen neige.
Erweisen sich Äußerungen von Behinderten als unpassend, so erfolgt schnell der Einwand, der Behinderte sei für eine rationale Auseinandersetzung zu verbittert. Die Grundlage für diese Annahme ist die Arroganz nichtbehinderten Denkens, die uns unterstellt, letztendlich als Nichtbehinderte leben zu wollen. Die oft gedachte, manchmal auch ausgesprochene rhetorische Frage lautet: »Gäbe es die Möglichkeit, daß ihr, z.B. durch Operation, die Chance hättet, so zu werden wie wir, würdet ihr es nicht alle versuchen?«
Eine Frage, die sich im übrigen auf einer allgemeinen Ebene nur schwer beantworten läßt. Als Von-klein-auf-Krüppel weiß ich ja wirklich wenig über u.U. vorhandene Wünsche von Unfallkrüppeln, wieder zu Nichtbehinderten werden zu wollen. Ich weiß nicht, wie sie mit ihrer anerzogenen Nichtbehindertennormalität umgehen, die sie ja in ihrer Existenz als Krüppel nun nicht mehr erfüllen.

Doch der Kern der rhetorischen Frage von Nichtbehinderten, die uns automatisch Nichtbehinderten-Lebensträume unterstellen, ist ein anderer: Sie wollen eine Bestätigung für die scheinbare Absolutheit des Glücks, nichtbehindert zu sein. Und dies läuft über die Entwürdigung Behinderter. Haben sie einem Behinderten ein solches Geständnis abgerungen, so wird dieser dekorativ ernst genommen. Wenn nicht, so werden seine Aussagen entwertet und als Äußerungen und Reaktionen verbitterten Trotzverhaltens abgetan. Dabei kann Verbitterung in einem anderen Zusammenhang ohne weiteres legitim sein: Auf der Grundlage dieses Denkens wird etwa die Verbitterung eines AKW-Gegners völlig anders bewertet, als die möglicherweise vorhandene Verbitterung eines Behinderten über seine Lage. Unterschwellig geht dies einher mit dem Vorwurf gegenüber Behinderten, daß diese ihr »Leiden« mit Ressentiments gegenüber Gesunden kompensieren. Der Krüppel »gönnt« den Nichtbehinderten nicht, »glücklich und normal« zu sein.
Zur Frage der Normalität: Ich habe als Von-klein-auf-Krüppel nie darunter gelitten, z.B. keine längeren Spaziergänge absolvieren zu können; wesentlich mehr hingegen unter den Einschätzungen Nichtbehinderter, daß zum echten Menschsein die Fähigkeit zu längeren Spaziergängen gehört. Doch auch dies wird nicht ernst genommen.
Auf solche Aussagen von mir folgt Bedauern, daß ich ja nie erlebt habe, wie glücklich das bewußte Leben als Nichtbehinderter eigentlich ist. Wenn jemandem, so die scharfsinnige Folgerung, diese Glückseligkeit nicht vergönnt war, wie kann er ein akzeptabler Diskussionspartner bei der aktuellen »Glücksdebatte« sein? Aussagen von Behinderten, die nicht für die Bestätigung der Verbitterungsthese taugen, werden also mit normal-arrogantem Bedauern quittiert. Da es einer Selbstaufgabe gleichkäme, mich dieser Arroganz anzupassen, werde ich, wohl wissend, daß ich damit glückliche Lä-

cherlichkeit provoziere, weiter antworten: Meine Persönlichkeit entwickelte sich dadurch, daß ich alles als Behinderter wahrnahm. Wieso sollte ich über dreißig Jahre meines Lebens auf den Müll werfen, nur um etwas zu werden, wovon ich gar nicht weiß, was es ist. Dies wäre für mich ein Abenteuer um des Abenteuers willen. Ich habe im Gegenteil nicht den Wunsch, mich der »Normalität« anzupassen, die ich momentan als immer aggressiver und bedrohlicher empfinde.

Solche Äußerungen werden bei einem Teil von nichtbehinderten Lesern Mitleid provozieren. Gerade Mitleid fürchten dabei Behinderte, die dem Traum von Emanzipation und Gleichberechtigung anhängen, wie der »Teufel das Weihwasser«. In der immer schwerer aufrecht zu erhaltenden Illusion, als gleichberechtigt anerkannt zu werden, versucht man, dem Mitleid als subtiler Form der Verachtung auszuweichen. (Durchaus verständlich: Beim Widerstand gegen offene Verachtung gibt es wenigstens Chancen von Akzeptanz bei Nichtbehinderten. Anders beim Mitleid. Da hier die Verachtung nicht so schnell durchschaut wird und folglich keine Gegenwehr hervorruft, können Krüppel, die bemitleidet werden, nur sehr schwer mit Anerkennung rechnen.) Doch die panische Angst vor Mitleid und Selbstmitleid ist eine neue »Falle« für Behinderte, denn die moderne fürsorglich-fortschrittliche Variante des Umgangs mit Behinderten besteht lediglich im scheinbaren Ernstnehmen von Behinderten. Man weiß, Behinderte wollen kein Mitleid, und man handelt entsprechend. Die neue Parole: Aus Mitleid kein Mitleid mit Behinderten haben. Die immer schon vorhandene Arroganz kann sich so wieder offener als vorher zeigen.

In den letzten Jahren bestand kein großes Bedürfnis, sich mit der »Interessenvertretung« von Behinderten zu profilieren. Behindertenthemen erschienen langweilig und unwichtig.

Stellvertreterlorbeeren waren nicht zu bekommen. Jetzt jedoch, nach einer wieder offener geführten Diskussion über die Frage des »lebenswerten« Lebens, scheint es im Behindertenbereich wieder interessant zu werden. Es geht ja um Leben und Tod. Daher wird die Zahl der Stellvertreter zunehmen. Denn die am wenigsten Betroffenen glauben, sachlich am besten zur Vertretung von Behinderteninteressen geeignet zu sein.

Abtreibung

Abtreibungsargumente werden zu Euthanasieargumenten

Bei der Erörterung der von »neuen Ethikern« wie Singer, Hase oder Leist aufgeworfenen Frage, ab wann ein »Mensch« auch eine »Person« sei[1], werden in verstärktem Maße Argumentationen aus Kreisen von Abtreibungsbefürwortern benutzt. Eine zentrale Rolle spielt hierbei die im § 218 des StGB zulässige »eugenische« Indikation (vorgeburtliche Aussonderung von Behinderten).

Es geht mir hier nicht darum, den Richter über diejenigen Frauen zu spielen, die abgetrieben haben, sondern darum, die Gemeingefährlichkeit bestimmter Abtreibungsbegründungen aufzuzeigen, nicht zuletzt, weil die Argumentationsmuster der eugenischen Indikation immer stärker gegen bereits geborene Menschen eingesetzt werden.

Abtreibungsentscheidungen sind immer Entscheidungen über Lebenswertigkeiten: Das Kind paßt nicht in die momentane Lebensplanung der Frau. Oder: Die soziale Situation ist unbefriedigend. Oder: Die Frau hält nur ein gesundes Kind für tragbar. Ob man will oder nicht: Mit dem letzten Beispiel stabilisiert die abtreibungswillige Frau objektiv negatives gesellschaftliches Wertedenken gegenüber Behinderten.

Nun wird eingewendet, Abtreibung sei ein Frauenthema, und letztendlich müsse es in der freien Entscheidung der Frau liegen, ob sie abtreibt oder nicht. Doch wenn die Abtreibung zur reinen Frauenentscheidung erklärt wird, wird den Frauen damit das alleinige Recht zugestanden, über Lebenswertigkeiten von Menschen ganz generell zu entschei-

den. Da die Wert- und Lebensvorstellungen, die zur Entscheidung für eine Abtreibung führen, nicht loslösbar von der allgemeinen gesellschaftlichen Situation sind, stabilisiert die freie »selbstbestimmte« Frau zwangsläufig gesellschaftliche Normalität oder verschärft sie sogar.
Man sollte nicht vergessen: Der Kampf um das Recht auf Abtreibung wurde in der Geschichte nicht selten mit einem Angriff auf die Daseinsberechtigung Behinderter geführt. Man kann sagen, daß das eugenische Denken die Frauen bei ihrem Kampf um ihr Selbstbestimmungsrecht ständig begleitete. Da begründete 1924 der anarchistische und als Friedensarzt bekannte Fritz Brupbacher die eugenische Indikation: »Gewiß kann einmal statt eines erwarteten kranken ein gesunder Mensch geboren werden. Aber wie traurig ist es, wenn wirklich ein Kranker geboren wird und wir uns sagen müssen, wir haben ihn durch Nichteingreifen verschuldet.« Dann bedauert er: »Die rassenhygenische Indikation ist zur Zeit noch nicht spruchreif.«[2] Auch Rosa Luxemburg äußerte sich bisweilen recht drastisch. Im Juli 1918 schreibt sie im Strafgefängnis Breslau in ihrem Vorwort zu Vladimir Koralenkos »Die Geschichte meines Zeitgenossen«: »Angeborene Krüppelhaftigkeit kann zwar Quelle vieler Konflikte im menschlichen Leben werden, ist aber selbst jenseits des menschlichen Wollens und Handelns, jenseits von Schuld und Sühne, ausgenommen etwa die Fälle, wo sie als Erbstück das Verschulden der Eltern zum Fluche der Kinder macht.«[3]
Viele Frauen, die sich zu diesem Thema öffentlich äußern, verurteilen heute zwar zu Recht, daß während des Dritten Reiches nur gewisse Frauen Kinder bekommen durften, andere Frauen jedoch von Zwangsabtreibungen und Sterilisation bedroht waren. Sie ignorieren aber, daß in den Jahren vor der Machtergreifung Hitlers das Recht auf Abtreibung von der Frauenbewegung auch immer mit der Warnung vor

Behinderung eingeklagt wurde und damit objektive Argumentationen benutzt wurden, auf die das Naziregime zur »negativen« Zuchtauswahl nur noch zurückgreifen mußte.
Die linke Kritik an der Nazieugenik wurde nie auf der Grundlage eines eindeutigen Ja zur Daseinsberechtigung aller Menschen, d. h. auch von Behinderten, geführt. Noch aus dem Exil sorgten sich linke Kreise um den Mißbrauch »ihrer« Eugenik: Sie befürchteten lediglich, daß eugenische Maßnahmen nicht auf die Existenzverhinderung von Behinderten beschränkt bleiben würden, sondern zur Hochzüchtung der Rasse benutzt werden könnten.[4]
Parallelen zur heutigen Situation sind unverkennbar: Zuerst fanden viele Frauen an der vorgeburtlichen Aussonderung von Behinderten nichts Verwerfliches. Im Gegenteil, die Humangenetik erschien ihnen für ihre verantwortungsbewußten gesunden Mutterwünsche durchaus praktisch. Besonders nach Tschernobyl: Massenweise pilgerten damals alternative, ökologisch aufgeklärte Frauen zu den humangenetischen Beratungsstellen, um sicherzugehen, daß sie kein behindertes Kind bekommen. Nun jedoch wird immer deutlicher, daß sich die Humangenetik nicht mit der Aussonderung Behinderter zufrieden gibt, sondern z. B. auch Anfälligkeiten für – bisher für normal gehaltene – Alltagskrankheiten erforscht. Im Zuge der Angst, daß normale Lebenswertigkeit in Richtung Perfektion hochgezüchtet wird, daß also auch für alle Nichtbehinderten die »Latte höher gehängt« wird, erinnern Frauen sich nun an die Behinderten als Betroffene und sogar als mögliche Bündnispartner gegen die Gefahren der Humangenetik. Hier liegt der Kern der Gefahr: Argumente von »fortschrittlichen« Frauen in der Abtreibungsdiskussion verselbständigen sich und werden unversehens zu einer tödlichen Gefahr für Behinderte, weil diese Problematik nicht mitgedacht wird. Dies zeigt sich bei allen gängigen Argumenten für die Abtreibung: Häufig wird

Abtreibung mit gesellschaftlichen Mißständen, denen Mütter ausgesetzt sind, begründet. Eine kinder- und mütterfeindliche Umwelt macht es den Frauen besonders schwer. Verständnisvoll nickt der fortschrittliche »Geist«: Die gesellschaftliche Realität wird zum individuellen Sachzwang funktionalisiert, die Richtigkeit der Abtreibung mit Mißständen innerhalb der Gesellschaft begründet.
Kabarettreif und nicht mehr ernst zu nehmen finde ich es, wenn Abtreibung einerseits mit gesellschaftlichen Zwängen gerechtfertigt und andererseits im gleichen Atemzug als freie und selbstbestimmte Entscheidung der Frau postuliert wird. Während so einerseits die gesellschaftlichen Bedingungen zur Begründung der eigenen Entscheidungsfreiheit benutzt werden, wird andererseits bei der Abtreibung häufig von einer Notwehrhandlung gesprochen. So, als hätte sich der Fötus voller Bösartigkeit im Bauch der Frau eingenistet, um von dort in seiner Hinterhältigkeit anzugreifen. Bei näherer Betrachtung wird jedoch wohl niemand bestreiten, daß der Fötus für seine Entstehung und die damit verbundene Misere nicht verantwortlich, mithin unschuldig ist. Hier erhebt sich die Frage, ob es eine Notwehrhandlung gegen Unschuldige überhaupt geben kann.
Möglicherweise ist die Notwehrargumentation bei denjenigen Abtreibungsbefürworterinnen entstanden, die eine Gefahr vermeiden wollten: den Vorwurf der willkürlichen Definition von Leben. Simpel und egoistisch: Frauen erklären den Fötus zum Leben, wenn sie ihn austragen wollen. Frauen erklären den Fötus zum Nicht-Leben, wenn sie ihn nicht austragen wollen. Beides soll, geht es nach Teilen der Frauenbewegung, akzeptiert werden. Es kann nicht angehen, daß dasselbe Leben je nach Situation unterschiedlich be- und damit entwertet wird. Die Willkürlichkeit bei der vorgeburtlichen Lebensdefinition ist aber nicht loszulösen von willkürlicher Lebensdefinition nach der Geburt. Um

Mißverständnisse zu vermeiden: Ich behaupte nicht, daß es keinerlei Unterschiede zwischen ungeborenem und geborenem Leben gibt. Ich wehre mich jedoch gegen das willkürliche Setzen und Verschieben von Lebenswert-Grenzen nach dem Prinzip der Opportunität.
Gleichermaßen fragwürdige Kriterien existieren in der aktuellen Diskussion nämlich mittlerweile bereits für den Begriff »Person«. Jedenfalls erscheint es mir sehr willkürlich, wenn Euthanasiepropagandisten wie Peter Singer erklären, es sei dann moralisch in Ordnung, daß Eltern ihr behindertes Kind töten, wenn durch die Geburt eines nachrückenden, eventuell gesunden Kindes die Quelle des potentiellen Glükkes größer ist.[5] Zweifellos wird hier willkürlich über Leben und Persönlichkeit entschieden. Eindeutige Prinzipien gibt es offensichtlich nicht. Ein Kind darf Person sein, wenn die Eltern es wollen. Ein Kind darf, wenn die Eltern es nicht wollen, aber auch getötet werden. Die Auswirkungen solchen Handelns sind nicht vergleichbar mit der Abtreibung, jedoch basieren sie, was die Lebensdefinition betrifft, auf Denkverwandtschaften.
Ein besonders »realistisches« Argument für die Legalisierung von Abtreibungen ist der Hinweis darauf, daß es sie immer gegeben hat und vermutlich immer geben wird, ob nun gesetzlich erlaubt oder nicht. Dieser »Grauzonenlogik« kann nicht entschieden genug widersprochen werden; denn ein solcher Denkansatz legitimiert alles, was tatsächlich stattfindet. 1989 hat ein rechtsphilosophischer Autor einer großen Wochenzeitung die Tötung von behinderten Neugeborenen damit zu legitimieren versucht, daß sie in einer Grauzone sowieso stattfinde.[6] Die Tatsache als solche reichte ihm als Grund für die Überlegung, ob der Gesetzgeber nicht diese Art von Mord legalisieren sollte.
Ich gehe davon aus, daß große Teile der Abtreibungsbewegung die Argumente dieses Schreiberlings ablehnen und in

diesem Fall die Meinung nicht teilen, daß man alles legalisieren müsse, was nur häufig genug stattfindet, und sei es auch im Halbdunkel. Warum bereitet es ihnen keine Probleme, mit genau dieser Grauzonenlogik Abtreibung zu begründen?
Um es für jedermann und jedefrau überdeutlich zu machen: Wer würde im Ernst die Legalisierung von Vergewaltigung fordern, nur weil sie tagtäglich stattfindet und sich der Täter möglicherweise in irgendeiner Art von gesellschaftlich bedingter Zwangslage befindet?

Zweifellos fand durch die Teillegalisierung der Abtreibung per Gesetz ein Tabubruch bezüglich der öffentlichen Wertung vorgeburtlichen Lebens statt. Eine solche Legalisierung (immerhin ist Abtreibung die – bisher – einzige gesetzlich erlaubte Art von gewaltsamer Beendigung menschlichen Lebens) birgt offensichtlich die Gefahr einer Eigendynamik in sich, die darin besteht, den Tabubruch immer mehr zu erweitern, bis schließlich auch die Daseinsberechtigung bereits Geborener in Frage gestellt wird.
Es mag sein, daß diese Entwicklung nicht voraussehbar war. Doch ist dies ein Grund, sie jetzt zu ignorieren, ja sogar das Gegenteil zu behaupten? In einem Streitgespräch[7] behauptete Susanne von Paczensky, eine große alte Dame der Abtreibungsbewegung, daß gerade in den Ländern, in denen die Abtreibung am liberalsten gehandhabt wird, die Menschen humaner miteinander umgingen. Beispiele für ihre Rechtfertigungsthese gab sie jedoch nicht. Tatsächlich ist es umgekehrt: Ist nicht das in jeder Beziehung als liberal geltende Schweden das Land, in dem die Deportierung von Aidskranken auf Aussätzigeninseln diskutiert wird? Gibt es nicht in Frankreich, wo es besonders liberale Abtreibungsregelungen gibt, ein hohes Maß an Ausländerhaß gegenüber den im Lande lebenden Afrikanern? Und in den bei der Ab-

treibungsfrage so liberalen Niederlanden gibt es mittlerweile öffentliche halbgesetzliche Arrangements, welche die Tötung behinderter Neugeborener bereits de facto legitimieren. Ein bekannter Fernsehmoderator übte vor einiger Zeit äußerst demagogisch Kritik an der Abtreibung: Er erklärte Abtreibung kurzerhand zu einer Kriegshandlung und mobilisierte Kriegsängste bei den Zuschauern, indem er sie die kriegerischen Handlungen per Bildschirm miterleben ließ. Die Reaktion der Abtreibungsbefürworterinnen stand diesem Bericht jedoch in nichts nach: Sie benutzten ihrerseits Kriegsängste für den Versuch, Abtreibung zu legitimieren: Die Lebenden schicken sie in den Krieg, damit sie sterben. Den Tod der Lebenden nehmen sie in Kauf. Das ungeborene Leben jedoch wollen sie schützen. – So berechtigt der Angriff auf die verlogene Doppelmoral mancher Abtreibungsgegner auch sein mag, eine inhaltliche Begründung für die Abtreibung wird daraus noch lange nicht.

Eine andere Vorgehensweise ist, aus der Sicht des Kindes zu argumentieren: Dreist wird erklärt, daß es Kinder, die nicht erwünscht sind, im Leben besonders schwer haben. Steckt dahinter nicht die Illusion, Leben, und vor allem glückliches Leben, sei perfekt planbar? Uns Krüppel muß die Wunschkindargumentation besonders erschrecken, weil behinderte Kinder in der Regel allenfalls mißlungene Wunschkinder sind, die die Erfüllung des Wunsches schuldig bleiben.

Neben dem krüppelspezifischen Unbehagen, was das Wunschkind betrifft, gibt es natürlich auch noch andere Einwände. Woher nehmen diese GlücksverrechnerInnen die Sicherheit für ihre Zukunftsprognosen? Könnte nicht mit derselben Unlogik behauptet werden, daß es Wunschkinder im Leben besonders schwer haben? Werden nicht gerade an Wunschkinder die größten Erwartungen gestellt, weil gerade hier der Druck am größten ist, das Kind in die Vorstellungen der Eltern hineinzuzwängen? Jedenfalls können Wünsche nicht entscheidend für die Daseinsberechtigung von Menschen sein. Etabliert sich die Wunschideologie noch mehr, so kann auch mit ihr wieder alles begründet werden. Etwa: die Tötung behinderter Neugeborener auf der Grundlage von Elternwünschen.

EUGENIK

Die Eugenik als Theorie von der Verbesserung der Erbanlagen der menschlichen Rasse über Maßnahmen positiver Eugenik (Zuchtwahl/Selektion) und negative Eugenik (Ausmerze) wurde 1883 von dem englischen Naturwissenschaftler und Vetter von Charles Darwin – Francis Galton – begründet. Als deren Ziel formuliert er die Verbesserung oder Einschränkung der rassischen Eigenschaften – hier bezieht er sich sowohl auf die körperlichen als auch die geistigen Eigenschaften zukünftiger Generationen.
1908 bezeichnet er es als deren Absicht, »die Geburtenrate der Ungeeigneten (Unfit) zu kontrollieren, anstelle es ihnen zu gestatten, ins Dasein zu treten (...) Die zweite Absicht ist die Verbesserung der Rasse durch Förderung der Produktivität der Geeigneten (Fit) mittels früher Heiraten und gesunder Aufzucht ihrer Kinder.« (zit. n. G. Baader: »Rassenhygiene und Eugenik«, in: Deutsches Ärzteblatt, H. 27, 1988, 13, S. B-1357).

Eugenische Indikation

Entgegen den für normalen Nachwuchs bestimmten gesetzlichen Abtreibungsregelungen gibt es bei dem Verdacht auf Behinderungen die Sonderregelung der eugenischen Indikation. Eugenik bedeutet gesunde Auswahl. Im Rahmen der eugenischen Indikation ist die Abtreibung noch bis zur 22. Schwangerschaftswoche erlaubt.
Diese Ausnahmeregelung hing eng mit den neuen medizinischen Möglichkeiten der siebziger Jahre zusammen. Mittels Frühuntersuchungen wurde der Fötus durchgetestet. »Ge-

sundheitsrechte« sollten gewährleistet werden. Um den Schwangeren möglichst viel Sicherheit auf ein »intaktes« Kind zu geben, wurden einige Jahre danach humangenetische Beratungsstellen eröffnet.

Die entschlossensten Vorreiter zur Einführung der eugenischen Indikation waren keine ehemaligen Rassenpolitiker. In einem offenen Brief forderten die Humanistische Union, die Jusos und die Jungdemokraten noch vor der Teillegalisierung der Abtreibung eine Ausweitung über die vorgesehene 3-Monatsfrist hinaus, wenn es dringende Verdachtsmomente auf behindertes Leben gibt. Beschlossene Sache wurde die eugenische Indikation durch die sozialliberale Koalition. Wohl aus schlechtem Gewissen erklärte der damalige Bundesjustizminister in der vorausgegangenen Debatte: »...ich muß noch einmal betonen, es geht nicht darum, eine Entscheidung zur Vernichtung lebensunwerten Lebens zu treffen, sondern hier Respekt zu bekunden vor der unerhört schwierigen Lage, der sich Eltern ausgesetzt sehen, wenn sie voraussehen müssen, daß ein solches Kind geboren wird.«[8]

Einwände gegen solche Aussagen gab es selten. Trotzdem sei eine die jetzige Situation vorausahnende Kritik des Behindertenpädagogen Andreas Fröhlich aus dem Jahre 1972 erwähnt: »...es soll, wie dies auch in einem Interview mit Bundesjustizminister Jahn geschehen, auf die grundsätzliche Einstellung zum Schwerstbehinderten hingewiesen werden, die in diesen Meinungen und Anregungen zutage tritt ... Deutlicher wird jedoch, daß hier weniger die Behinderung als unerwünscht betrachtet wird, sondern vielmehr der behinderte Mensch. Denn der Abort trifft ja nicht nur die Behinderung, sondern den ganzen Menschen, auch mit seinen ›normalen‹, intakten Bereichen. Bei aller Würdigung der sozialen Schwierigkeiten ist doch generell festzustellen, daß hier der Weg der geringsten Schwierigkeiten gegangen wird,

ein Weg, den man nicht wieder zurückgehen kann. Der Schwerbehinderte gilt als prinzipiell unerwünscht.«[9]
Der »normalen«, »gesunden« Angst vor Behinderten wurde damals der absolute Respekt bekundet. Sie wurde als Grundlage herangezogen, um den leichten Weg zu gehen. Nicht hinterfragt wurden die dahinterstehenden absoluten Wertvorstellungen, das uneingeschränkte Recht auf ein gesundes Kind. Die Selbstverständlichkeit »gesunden Denkens« wurde automatisch zur Grundlage gemacht, um anschließend dann von unlösbaren Konflikten zu reden. Daher war es zwangsläufig, daß sogenannte unlösbare Konflikte zugunsten Nichtbehinderter geklärt wurden.

Katholisches Fallbeil

1986 tobte ein heftiger Streit zwischen Abtreibungsbefürwortern und -gegnern. Bei letzteren ging das »Zentralkomitee der deutschen Katholiken« besonders entschieden zur Sache: Abtreibung wurde mit Mord (am ungeborenen Leben) gleichgesetzt. Abtreibende Frauen wurden damit in die Nähe von Mörderinnen gerückt. Einer der größten Verteidiger des ungeborenen Lebens ist Hans Maier, ehemaliger Bayerischer Kultusminister und damals Vorsitzender des Zentralkomitees.
Im Herbst 1986, einige Monate nach dem Höhepunkt der Auseinandersetzungen in der Abtreibungsfrage, stellt das »Gesundheitsmagazin Praxis« des ZDF eine neue vorgeburtliche Fahndungsmethode nach behindertem Leben vor. Eine Frau wirbt vor einem Millionenpublikum für diese neue Methode: »Wir haben uns entschlossen, das Kind, wenn es gesund ist, auszutragen.«[10] Womit sie impliziert, daß bei negativem Bescheid eine Abtreibung in Frage käme. Diese Frau ist niemand anders als Frau Adelheit Maier, die Gattin des

katholischen Laienvorsitzenden, der so vehement gegen den »Mord am ungeborenen Leben« zu Felde zog.[11]

Nun werden alle Frauenbewegten einwenden, daß ich Frau Maier schließlich nicht für die Äußerungen ihres Mannes verantwortlich machen kann. Will ich auch nicht. Ich frage mich nur, wie es Hans Maier aushält, mit einer Frau verheiratet zu sein, die nach seinen strengen moralischen Maßstäben menschliches Leben in Frage stellt.

Einige Zeit später holt die Zeitschrift »Zusammen« verschiedene Stellungnahmen zum Thema »Eugenische Indikation« ein. Unter anderem will sie auch die Meinung des ZK der Katholiken wissen und schreibt Hans Maier an. Der ist jedoch zu beschäftigt und überläßt die Antwort seiner Stellvertreterin Ursula Hansen, damals Ministerin für Soziales und Familie in Rheinland-Pfalz. Ihre Stellungnahme beginnt mit der Bemerkung: »Das Recht behinderter Menschen auf Leben unter dem Thema ›Die Sorge mit der Vorsorge‹ zu bedenken, läßt mich nicht ganz frei sein von Unbehagen. Ist es nicht mühsam genug, die Bedeutung der Vorsorge auch als wichtiges Prinzip der Rehabilitation im Interesse der Vermeidung von Behinderung und der Verringerung von Behinderungsrisiken zu begreifen und in der Bevölkerung bewußt zu machen? ›Vorsorgen ist besser als Rehabilitieren.‹« Und weiter: »Besteht die Schwangerschaft bereits, so kommt es zu einer weit schwierigeren Konfliktsituation, die wohl nur Mütter und Väter voll ermessen können, denen sie auferlegt war. Sich für oder gegen das werdende Leben zu entschließen, ist eine persönlich zu treffende und zu verantwortende Entscheidung.«[12]

Diese offizielle Stellungnahme wirft ernste Fragen auf: Wenn die katholische Ethik einerseits die Abtreibung Behinderter in das Ermessen der Eltern stellt, also bei Ungeborenen die Unterscheidung zwischen nichtbehindertem und behindertem Leben zuläßt, andererseits in der Abtreibungs-

frage generell keine prinzipiellen Unterschiede zwischen geborenem und ungeborenem Leben gelten läßt: akzeptiert sie die Tötung von Behinderten auch nach ihrer Geburt?
Ein Verdacht, der sich auch durch die mittelalterliche Gedankenwelt der ebenfalls katholischen ehemaligen Berliner Familiensenatorin Hanna Renate Laurien erhärtet. Im SPIEGEL verteidigte sie entschieden ungeborenes Leben: »Sie geben sozusagen in die Hand der Frau das Fallbeil. Das ist unerträglich.« Dennoch möchte sie »über niemanden den Stab brechen«, der ein behindertes Kind abtreibt.[13]
Wenn in der katholischen Ethik keine prinzipiellen Unterschiede zwischen werdendem und geborenem Leben existieren, wer bricht dann den Stab über diejenigen, die die »Fallbeil-Lösung« gegen bereits geborene Behinderte anwenden?

Eugenische Indikation wegen behindertenfeindlicher Umwelt?

Eine der am häufigsten geäußerten Begründungen für die Abtreibung behinderter Embryos ist der Hinweis darauf, daß in unserer Gesellschaft die Frau häufig mit ihrem behinderten Kind alleine gelassen wird. Oft verläßt sie wegen des Kindes auch noch der Partner. Zusätzlich mangelt es an ausreichenden staatlichen Hilfen. Da die Gesellschaft behindertenfeindlich sei, wurde die verantwortungsvoll getarnte Frage gestellt, ob es denn für Behinderte überhaupt zumutbar sei, in diese behindertenfeindliche Welt hineingeboren zu werden.
In den letzten Jahren sind einige Frauen gegenüber der eugenischen Indikation nachdenklicher geworden. Einer der Gründe dürfte wohl eine internationale Erfahrung sein: Vor wenigen Jahren klagte die feministische Schreiberin Viola Roggenkamp über den Mißbrauch der Fruchtwasserunter-

suchung in Indien, weil diese dort selbstverständlich zur Aussonderung weiblicher Föten diene. Vom Mißbrauch war die Rede. Solidarität mit den weiblichen Föten machte sich auch bei den Abtreibungsbefürwortern breit. Dabei läßt sich die gesellschaftliche Zumutbarkeitsthese, mit der die Krüppelabtreibung bei uns begründet wurde, jederzeit auf indische weibliche Föten übertragen. Denn die indische Gesellschaft ist bekanntermaßen frauenfeindlich. Neugeborene mit weiblichem Geschlecht haben es besonders schwer.
Doch nicht nur dies. Auch Mütter, die zum wiederholten Male Mädchen gebären, werden gesellschaftlicher Verachtung ausgesetzt. Angeblich aufgeschlossene Argumentation für die Abtreibung Behinderter hierzulande ließe sich anstandslos auf Indien übertragen. Frau könnte sich daher ohne weiteres mit gleicher Logik fragen, ob es denn verantwortungsvoll wäre, in der frauenfeindlichen indischen Gesellschaft ein Mädchen zu gebären.

Französische Tötungsforderungen

7. November 1987: Senator Henri Caillavet, Mitglied der »Vereinigung zur Verhütung behinderter Kinder« (Association pour la prévention de l'enfance handicappé, APEH), fordert im französischen Fernsehen, behinderte Kinder gleich nach der Geburt zu töten. Caillavet: »Wenn ich ein behindertes Kind bekäme, würde ich es nicht am Leben lassen ... Ich habe ihm das Leben geschenkt, ich habe auch das Recht, es wieder zu nehmen ... Sie haben das Recht, schokkiert zu sein, genauso wie ich das Recht habe, schockiert zu sein, wenn ich dazu Kommentare des Papstes höre. Wir müssen dieses Vorgehen legalisieren, damit Eltern sich nicht für Kriminelle halten, wenn sie Euthanasie für ihre abnormen Kinder fordern.«[14] Wie immer, wenn es um die Durch-

brechung von Tabus geht, wird auf die Angst vor dem Konservatismus spekuliert. Um der Kritik vorzubeugen, wird mit der Papstnähe gedroht. Sein Todesengagement legitimiert der Senator mit der Fürsorge gegenüber den Eltern von behinderten Kindern.

Im Jahre 1988 bringt die französische APEH von Luxemburg aus im Rahmen einer Petition einen Gesetzentwurf zur Tötung von neugeborenen Behinderten in das Europaparlament ein, der inzwischen abgelehnt wurde.[15] Mit bösem Grund sind hier mehrere Argumente aus der Begründung des Gesetzentwurfes zitiert – zum einen, weil sie aktuelle Euthanasieargumente wiedergeben, und zum anderen, weil auch an sich berechtigte Kritikpunkte gegenüber der Humangenetik und der pränatalen Diagnostik auftauchen, die in diesem Zusammenhang aber für die Tötung von behinderten Menschen mißbraucht werden.

Subtil wird bei der Begründung des Gesetzentwurfes anfangs die Kostenfrage angesprochen, um dann zur ethischen Glücksverrechnung überzugehen: »Wenn es sich nur um die finanzielle Belastung handelte, könnte man sagen, daß dies zu verschmerzen wäre. Diese Behinderten sind jedoch nicht nur selbst unglücklich, sondern bringen im allgemeinen das Unglück in die Haushalte, in denen sie leben. Die Familie ist in den meisten Fällen schwer gestört ... Gibt sie das Kind in eine Spezialeinrichtung, so leidet sie unter starken Schuldgefühlen.«[16] (An dieser Stelle sei wiederholt, daß der »Arbeitskreis gegen das UNO-Jahr des Behinderten« noch 1981 mit dem Argument Verständnis für die eugenische Indiktation aufbrachte, daß ansonsten eine Heimunterbringung des geborenen Menschen drohe.) Ferner heißt es in besagtem Gesetzentwurf: »Angesichts eines solchen, so gut wie unlösbaren Problems geraten Vater und Mutter oft in Streit, oder der Vater gibt auf.«[17]

Fast resignierend stellt die Vereingung fest: »Es wird immer

Behinderte geben. Unfälle bei der Arbeit, im Straßenverkehr oder im täglichen Leben führen dazu, daß es jeden Tag neue Körperbehinderte gibt ... Man muß alles für die Behinderten tun. Es muß jedoch auch alles getan werden, damit ihre Zahl abnimmt, auf jeden Fall aber nicht zunimmt. Es wurde bereits ein wichtiger Schritt getan, als man die Schwangerschaftsuntersuchungen entwickelte und die therapeutische Abtreibung genehmigte ... Sie ist ungenügend, da schwere Anomalien vor der Geburt häufig nicht erkennbar sind. Außerdem entstehen viele Behinderungen, insbesondere geistige, durch Unfälle bei der Geburt ...«[18]

Hier taucht nun ein berechtigter »kritischer« Einwand gegenüber der pränatalen Diagnostik auf, indem man darauf hinweist, daß durch diese Technik vorab nur 1,5 Prozent der Behinderungen erfaßt werden können. Diese Einschätzung ist auch für die Petitionsbetreiber nicht neu, sie schreiben dazu: »... die vorgeburtlichen Untersuchungen zeigen häufig nur die Wahrscheinlichkeit oder sogar nur die Möglichkeit einer Anomalie an.«

Daraus ziehen sie die im Prinzip völlig richtige Konsequenz, potentiell gesunde Föten zu retten: »Und neben den Fällen, bei denen die Untersuchung eine Gewißheit ergeben hat, kann man annehmen, daß von den verdächtigen Föten, die durch die therapeutische Abtreibung vernichtet wurden, ein Teil ganz normale Kinder ergeben hätte. Sie werden lediglich aus Sicherheitsgründen getötet und weil man weiß, daß nach ihrer Geburt ihr Leben heilig ist. Man will nicht das Risiko eingehen, ein anormales Kind in die Welt zu setzen. Dies ist sehr vernünftig. Es wäre allerdings besser, wenn dem Arzt, bevor er eine unwiderrufliche Entscheidung trifft, gestattet würde zu warten, bis das Kind geboren ist, damit er es sehen und berühren kann.«[19]

Die Perfektion wird lächerlich gemacht – Ein Comic

In dem Frauencomic »Die Mütter«[19a] gibt es die Geschichte »Durchgefallen«: Eine Frau ist bei ihrem Frauenarzt und erfährt das Ergebnis der an ihr durchgeführten vorgeburtlichen Untersuchung. Der Arzt teilt ihr mit: »Also ... das Resultat der Tests ... alles in Ordnung, kein Mongolismus, keine entarteten Chromosomen.« Als der Arzt ihr mitteilt, daß der Nachwuchs ein Junge wird, ist die Frau das erste Mal entsetzt. »Was? Ich hatte ein Mädchen eingeplant ...« Dann geht es Schlag auf Schlag, immer weniger scheint der Frau das zukünftige Kind zu behagen, von den braunen Augen bis zu einer »leichten Neigung zum Dickwerden«. Zusammenfassend charakterisiert der Arzt das Kind als »eher verträumt als aktiv ... alles in allem ein sympathisches Kind«, die Frau stöhnt «oje oje«. Nachdem sie sich vergewissert hat, daß im Labor keine Verwechslung stattgefunden hat, erklärt sie dem Arzt nach einem vorausgegangenen Telefongespräch mit ihrem Mann: »Dann verzichten wir lieber.«

Bei einem solchen Gesprächsausschnitt mögen Kritiker der Humangenetik schmunzeln. Geschickt werden Perfektionswünsche von Frauen lächerlich gemacht. Suggeriert wird bei dieser witzigen Aussage jedoch auch ganz nebenbei, daß die Schwangeren bitte zufrieden sein sollten, wenn der Nachwuchs nicht behindert ist, »alles in Ordnung, kein Mongolismus« war die Einstiegsgrundlage für den Hochzüchtungswitz. Wäre nicht alles in Ordnung gewesen, so muß ich die Aussage der Geschichte interpretieren, sei eine Abtreibung selbstverständlich.

Gesundheits-TÜV in den humangenetischen Beratungsstellen – Ursache des Übels?

»Ein früh gestorbenes Kind stellt für die Familie oft eine weit geringere Belastung dar als ein entwicklungsgestörtes Kind, das die ganze Kraft der Mutter in Anspruch nehmen kann.« Diese Feststellung stammt aus dem Jahre 1969. Die Bundesarbeitsgemeinschaft »Hilfe für Behinderte« veranstaltete damals eine tabubrechende Tagung unter dem Motto »Der behinderte Mensch und die Eugenik«.[20] Wenige Jahre danach wurde die erste humangenetische Beratungsstelle in Marburg eröffnet – »zur Aussonderung von Behinderten« sagen viele Kritiker unter uns Behinderten und weisen auf die perversen Kosten-Nutzen-Rechnungen hin, die dort angestellt werden und z. B. zeigen, wieviel Kosten dem Staat bei der vorgeburtlichen Aussonderung von Behinderten »erspart« bleiben.[21] Und doch ist diese Kritik nur teilweise richtig. Den humangenetischen Beratungsstellen geht es ja in der Tat vorrangig darum, beruhigend auf die Ängste Nichtbehinderter vor behindertem Nachwuchs einzuwirken. Die Humangenetik hat sich zur Aufgabe gestellt, die Frauen zur Schwangerschaft zu ermutigen. Durch die – scheinbar mit einer Art Garantie verbundene – Voraussage eines gesunden Kindes sollen besonders Ratsuchende aus den sogenannten Risikogruppen (etwa Frauen ab 35 Jahre) beruhigt werden, die ansonsten aus Angst vor eventuellen Schädigungen des Fötus auf Nachwuchs verzichten würden.

Die Humangenetik kämpft damit in erster Linie *für* die Gesundheit – (und damit natürlich für die Durchsetzung eines rigiden, normativen Gesundheitsbegriffs) und nicht in erster Linie *gegen* behindertes Leben. Daß man dies dabei leicht über die Klinge springen läßt, ist eher ein Nebenaspekt. Schließlich werden die Beratungsstellen zu dem Zweck aufgesucht, sich die Hoffnung auf gesunden Nachwuchs bestätigen zu lassen. Besteht allerdings der Verdacht auf Behinderung, so kommt in den allermeisten Fällen nur noch eine Abtreibung in Frage. Verharmlosend bestätigen dies die Sprecher der Humangenetik, indem sie erklären, die Abtreibungsquote der Ratsuchenden sei mit ca. 4 Prozent äußerst gering. 1989 konnte sich Herr Schloth, Leiter der Bremer humangenetischen Beratungsstelle, daher als Lebensretter darstellen. Nach Tschernobyl, so erklärte er, hätten viele Schwangere Angst vor Genschäden gehabt. Die meisten Verängstigten habe er beruhigen können, da trotz des gestiegenen Risikos die Chancen für gesunden Nachwuchs noch enorm groß waren. Die Verängstigten hätten ohne humangenetische Beruhigung aller Wahrscheinlichkeit nach abgetrieben.[22]

Um gegen die Existenzgefährung von Behinderten vorzugehen und die weitergehende Entwertung unseres Lebens zu bekämpfen, fordern viele von uns Behinderten die Schließung der humangenetischen Beratungsstellen, ohne auf mögliche Konsequenzen einer solchen Forderung einzugehen.

Denn nicht die Humangenetik schafft den Entscheidungsdruck, sondern die Angst vor Behinderung. Erst diese Angst führt zum Drang nach Beratung. Bei einer Abschaffung der humangenetischen »Betreuung« würden sich die Angstkriterien gegenüber möglichen Behinderungen wahrscheinlich noch verschärfen. Frauen von einem gewissen Alter an würden gründlicher überlegen, ob sie überhaupt noch schwanger werden wollen, und damit wäre die emanzipierte Selbstverständlichkeit des spätmodernen Kindes gewaltig in Frage gestellt. Aus Angst vor einem behinderten Kind würde unter den gegebenen Bedingungen im gesteigerten Maße vorbeugend abgetrieben. Dieser vorbeugenden Abtreibung würde zwangsläufig potentiell nichtbehindertes, mithin erwünschtes Leben zum Opfer fallen. Es bestünde auf die Dauer die Gefahr, daß viele normale Frauen den selbstauferlegten Zwang, zur Vermeidung der »Katastrophe« auch »gesun-

den« Nachwuchs zu opfern, als unzumutbare Belastung empfänden, dafür jedoch nicht ihre Angst vor Behinderung verantwortlich machten, sondern uns als Kritiker dieses Beratungsbüros. Die Aggressionen gegenüber Behinderten würden vermutlich eher zunehmen, sind wir doch ausschließlich die »Auslöser« dieser Angst.
Wir müssen uns also darüber im klaren sein, daß die – sowieso unwahrscheinliche – Durchsetzung der Forderung nach Abschaffung der Humangenetik die Bedrohung unserer Existenz langfristig eher verstärken könnte.

Krüppelabtreibung – Der tödliche Teufelskreis

Was die Zumutbarkeitsthese betrifft, müssen wir politisch aktiven Krüppel eingestehen, daß wir lange Zeit selbst eugenisches Denken verfestigt haben. Selbst wenn sich dies entschieden veränderte, haben wir noch im Jahre 1981 unsere eigene Aussonderung verteidigt. Um den Frauen bei ihrem Abtreibungskampf zu helfen, erklärte der Protestzusammenschluß gegen das »Internationale Jahr des Behinderten«, bewußt die eigene Behinderung funktionalisierend: »Aufgrund unserer Erfahrungen als Krüppel und als nichtbehinderte Betroffene dieser Gesellschaft maßen wir uns nicht an, Frauen, die sich gegen ein behindertes Kind entscheiden, zu verurteilen. Eltern behinderter Kinder werden aufgrund der Behindertenfeindlichkeit gerade dieser Gesellschaft mit ihren Problemen und Schwierigkeiten alleingelassen. Einziger Ausweg ist häufig, das behinderte Kind in ein Heim zu geben. Versuchen Eltern, ihr Kind vor dem Heim zu bewahren, bedeutet dies, einen immensen Kampf mit Behörden, Sozialämtern, Ärzten und Bürokratie aufnehmen, Ankämpfen gegen Vorurteile, finanzielle Probleme und Isolation.«
Erschrecken müßte rückblickend, einen möglichen Heimaufenthalt zur Begründung der vorgeburtlichen Aussonde-

rung anzuführen. Gerade der australische Euthanasieprofessor Singer begründete unter anderem die Tötung von behinderten Neugeborenen durch drohende Heimeinweisung.[23]
Nicht nur P. Singer zeigt, daß die Wertvorstellungen, die zur vorgeburtlichen Aussonderung von Behinderten führen, unlösbar mit der Geringschätzung bereits geborener Behinderter verbunden sind.
Dies ist der Teufelskreislauf: Wertvorstellungen gegenüber lebenden Behinderten fördern Abtreibungswünsche. Andererseits produziert gerade die Eugenik sowie die Abtreibung von Behinderten neue Behindertenverachtung und verhärtet die Wertvorstellungen gegenüber behinderten Menschen.
Deutlich wird das normale Gewaltdenken der eugenischen Indikation daran, daß eine Umkehrung nicht möglich ist. Was würde wohl mit einer behinderten Schwangeren passieren, für die es psychisch nicht möglich ist, ein nichtbehindertes Kind zu gebären und daher nur ein behindertes in Frage kommt. Die Frau geht dann zur Fruchtwasseruntersuchung und will ihr Kind abtreiben, nachdem ihr die Normalitätswahrscheinlichkeit mitgeteilt wird. Eine Psychatrisierung der Frau wäre nur schwerlich zu verhindern.

> »Ich glaube nicht an einen Fortschritt in der Natur des Menschen, seiner Eigenschaft als moralisches Wesen, sondern lediglich an den Fortschritt der Technik, von der Kerze zur elektrischen Lampe zum Beispiel. Ich bin also skeptisch vor allem im Hinblick auf das Individuum innerhalb der Weltgeschichte. Aber gerade weil ich denke, das Leben ist schwer genug für jeden einzelnen, würde ich es für total kriminell halten, wenn eine Frau, der ein Arzt mitteilt, daß sie ein mißgebildetes Kind im Leibe hat, nicht abtreiben würde. Ich fände das vollständig kriminell.«

Rolf Hochhuth, in einem Streitgespräch anläßlich seines Theaterstücks »Unbefleckte Empfängnis«, in: Wochenzeitung, Nr. 3, 19. Januar 1990

»Sterbehilfe«

Die Entwicklung der Tötungsbewegung, auch »Sterbehilfe« genannt

Als einer der ersten Interessenvertreter der »freien« Entscheidung Erlösungsbedürftiger tat sich 1974 die Hamburger Illustrierte »Stern« hervor. Emotionen fördernd, griff sie damals den Fall eines Elektroinstallateurs auf, der durch einen Unfall querschnittsgelähmt war, sein hierdurch plötzlich entstandenes Krüppeldasein nicht aushielt und sterben wollte.
Die Schlagzeile zitierte den Betroffenen: »Warum bringt mich keiner um.«[24] In der Sternjubiläumsausgabe 14 Jahre später lobt die Illustrierte unter der Sparte »Tabubrüche« ihren damaligen Einsatz: »Es gehörte Mut dazu, nach den als Euthanasie getarnten Nazimorden die Frage zur Diskussion zu stellen, wann ein Mensch von seinem Arzt verlangen darf, ihn zu töten. Der Stern tat es 1974 mit einem Bericht über einen Querschnittsgelähmten.«[25] Zitat damals über den Gelähmten: »Die blauen wachen Augen verfolgen einen Moment den Flug einer Fliege. Wenn sie sich auf ihn setzen würde, könnte Wilckens sie nicht verscheuchen.«[26]

Trotz des anfänglich großen Aufsehens war mit dem Mann längerfristig kein publizistischer Sterbehilfeerfolg zu erzielen. Vielmehr mußte er von der Liste der spektakulären Sterbehilfefälle gestrichen werden. Der Gequälte hatte nämlich zur Verblüffung der Ungequälten einige Zeit später die Frechheit besessen, sich zu verlieben. In der Folge korrigierte er seine »freie« Entscheidung zugunsten einer anderen: Der – nun ehemals – Gequälte heiratete. Das »Füttern« wurde abgeschafft und durch Essen ersetzt. Gott sei Dank.

Der propagandistische Mißerfolg war nicht nur auf das Fehlverhalten des Kandidaten zurückzuführen. Damals war die Zeit für den großen Sterbehilfedurchbruch einfach noch nicht reif.
Dies änderte sich mit dem zunehmenden öffentlichen Problembewußtsein für Umwelt- und Lebensbedrohungen. Zeitlich parallel zur Entwicklung eines allgemeinen Friedens- und Umweltbewußtseins breitete sich das Geschäft und die Ideologie des freien, selbstbestimmten Todes rapide aus. Kein Wunder: Die permanenten Leidens- und Todesdrohungen angesichts der atomaren und ökologischen Apokalypse ließen die vorher weitgehend praktizierte Verdrängung des Themas »Sterben« nicht länger zu. Parolen wie »Die Überlebenden werden die Toten beneiden« wurden in individuelle Sterbeängste integriert. Krankheit und Behinderung konnte von vielen nur noch als besondere und drohende Qual gesehen werden. Im Schatten des kultivierten Weltuntergangsdenkens etablierte sich individueller Popularismus. Es wurde verrechnet: Wenn die Herrschenden schon die ganze Welt zerstören, dann sollte der einzelne Mensch wenigstens das Recht haben, frei über sein Leben und seinen Tod zu entscheiden. Die Ideologie des freien, selbstbestimmten Todes bekam immer mehr Anhänger.
Es entbehrt nicht einer bitteren Logik, daß die beiden Hauptpropagandisten der sogenannten Sterbehilfe, Julius Hackethal und der Vorsitzende der DGHS (Deutsche Gesellschaft für Humanes Sterben), Hans Henning Atrott, anfangs in alternativ-ökologischen und grünen Kreisen eine Basis hatten.
So war Atrott, der mittlerweile mit den Mitgliederbeiträgen seiner Organisation den Tod zu einem einträglichen Geschäft gemacht hat, in den Anfangszeiten des »Alternativen Gesundheitstages« in dessen Programmheft noch als Referent zu finden. Die Berliner Funktionärin der »Alternativen

Liste Gesundheit« in der Berliner Ärztekammer war zugleich Vizepräsidentin in Atrotts Selbsttötungsverein. Auch betreute sie aus medizinischer Sicht die für die Mitglieder abgefaßten Todesbroschüren, damit es bei der freien Entscheidung keine Pannen gibt. (Nach eigenen Angaben erlösen sich auf der Grundlage der »humanen« Todesanleitung jährlich 2000–3000 Personen.)[27]

Auch der zweite populäre Tötungspropagandist, Julius Hackethal, war in alternativen Gesundheitskreisen nicht ungelitten. Noch 1987 verhinderten Krüppel auf dem »Alternativen Gesundheitstag« gegen den Willen der demokratisch-alternativen Veranstalter seinen Auftritt. Seine Beliebtheit verdankte Hackethal anfänglich der Kritik an der Schulmedizin sowie seinen »alternativen« Krebstherapien. Den eigentlichen »Durchbruch« schaffte er jedoch durch seine öffentlich-rechtliche Erlösung einer krebskranken Frau. Das Fernsehen fühlte sich verpflichtet, eine der Todeszeremonien auszustrahlen. Dabei bekam das Publikum jedoch keine an das Bett gefesselte Frau zu sehen. Die »Patientin« konnte ihre Arme und Beine bewegen und ging ohne fremde Hilfe in das Zimmer ihres »Erlösers«. Der erklärte mit dekorativ einfühlsamer Stimme: »Ich werde heute Abend mein Versprechen einlösen.« Dies tat er, indem er ihr das todbringende Zyankali besorgte. Die »freie« Entscheidung der Frau wurde nun – im Gegensatz zu der des eingangs erwähnten Elektrikers – unwiderruflich. Mit der Hilfe ihres tödlichen Bündnispartners starb sie.

Die Tötung stieß in der Öffentlichkeit auf relativ große Resonanz, jedoch auf relativ wenig Widerspruch. Bei dem Tötungsobjekt handelte es sich nämlich um eine Frau mit einem – aus der Sicht gängiger Ästhetiknormen betrachtet – total entstellten Gesicht. Das »entstellte Gesicht« war dann auch das häufigste Argument der Tatlegitimation. Nach dem Motto: »Wie gut, daß ich nicht so aussehe, ich würde auch

Schluß machen«, wurde die Tat verstanden. Die Frau hatte berichtet, daß sie sich mit ihrem Aussehen nicht mehr in die Öffentlichkeit wagte.

Immerhin bewies sie dadurch Anstand. Sie beherzigte die Regeln des guten Benehmens, die bis in das vorige Jahrhundert zurückdatieren: Zum Beispiel schrieb 1891 ein gewisser Roco in einer Benimmfibel: »Man wird mit dem Menschen, der von den Leiden eines Geschwürs geplagt wird, Bedauern empfinden, das Bedauern wird aber (...) in den Vorwurf der Rücksichtslosigkeit übergehen, wenn der Patient trotz der Verunstaltung seines Gesichtes es sich nicht versagen konnte, die Einladung zu einer Gesellschaft anzunehmen.«[28]

Die Frau war nicht nur anständig, sie war überanständig: Sie erlöste die Schönheitsnorm von einer »Beleidigung.« Hackethal half ihr dabei und tat sich dadurch als tödlicher Hüter der Normalität hervor.

Die damaligen Bundestagsgrünen fanden Hackethals Pioniertat immerhin so ehrenswert, daß sie ihn als ihren Fachmann bei einer Expertenanhörung des Deutschen Bundestages zum Thema Sterbehilfe vorschlugen. Erst als er vorgab, Zyankali per Postversand zu verschicken, hegten sie Zweifel an ihrer Entscheidung. Denn, so Jo Müller, ehemaliger Grüner Volksvertreter, durch den Versand von Zyankali habe der Professor der Sache der Sterbehilfe einen schlechten Dienst erwiesen.[29]

Je selbstverständlicher bei der öko- und friedensbewegten Agitation gegen Atomkraft und Atomkrieg das Schreckgespenst einer Zunahme von Behinderungen heraufbeschworen wurde, um so stärker versuchten die Erlösungsfanatiker, Sympathien mit öffentlichen Schauselbstmorden von Behinderten einzuheimsen. Da die Angst vor Behinderungen immer größer wurde, konnten sich die Todespropagandisten gewisser Sympathien sicher sein. Denn die Schreckensbilder vom qualvollen Überleben als Behinderter begünstigten wie-

derum als Gegenbild die Illusion vom machbaren schönen Tod.
Der wohl erfolgreichste Tötungsbefürworter, sowohl was das Geschäftliche als auch was die Medienwirksamkeit betrifft, ist Hans Henning Atrott. Ihm gelang es, eine ganze Liste von Prominenten, von Inge Meysel bis Ernest Bornemann, in die Werbung für sein Geschäft einzuspannen. Seine Kritiker konnten gegen ihn anschreiben und protestieren, wie sie wollten, Atrott glich dies durch die Präsentation von öffentlichen Selbstmorden wieder aus.
Allerdings: Die öffentlichkeitswirksamen Selbsttöter bei den öffentlichkeitswirksamsten Fällen waren fast ausschließlich Unfallbehinderte oder zumindest solche, die früher einmal »normal« gewesen waren. Hier wird geschickt an den immer stärker werdenden Kult der absoluten Gesundheit angeknüpft. Euthanasiephantasie Nichtbehinderter wurde bestärkt durch die oft gehörte Aussage: »Wenn ich zum Krüppel würde, würde ich mich umbringen.« Durch die sogenannte freie Entscheidung eines ehemaligen Nichtbehinderten konnte man sich in dieser Einschätzung bestärkt fühlen. Für mich bedeutet dies: Der Tod der Opfer von Schauselbstmorden wird auf der Grundlage von Nichtbehinderten-Gewaltphantasien zweckinterpretiert und als freie Entscheidung vermarktet. Der Begriff des selbstbestimmten Todes etablierte sich immer stärker als tragende Säule der Todespropaganda. Der erlösungswillige Behinderte wird als emanzipierter Krüppel gewertet. Damit wird indirekt auch ausgedrückt, daß der lebenswillige Behinderte letztendlich unemanzipiert ist. Es entsteht, ohne daß es öffentlich ausgesprochen werden mußte, für die Behinderten ein Druck, ihr Leben zu rechtfertigen. Zusätzlich werden die unterschiedlichen Entstehungsgeschichten von Behinderungen ideologisch geschickt gegeneinander ausgespielt. In der ZEIT antwortet Atrott auf die Frage »Was sind psychische

Gründe für einen Todeswunsch?«: »Wer von Geburt an behindert ist, kann durchaus ein glückliches Leben führen, da er sich nie anders erlebt hat. Eine junge Frau indessen, die Sport studiert hat, attraktiv und umschwärmt ist, hat einen völlig anderen Lebensentwurf. Wenn dieser Lebensentwurf durch eine Querschnittslähmung zunichte gemacht wird, muß sie für sich neu definieren, was Lebensqualität heißt. Und wir müssen tolerieren, wenn sie sich entscheidet, daß ihr diese reduzierte Lebensqualität nicht mehr ausreicht. Wir müssen es tolerieren, wenn sie ihr Leben beenden will.«[30]
Damit bestätigt er die Arroganz des Nichtbehinderten-Denkens: Von-klein-auf-Krüppel können ihr Unglück gar nicht begreifen, denn sie wissen ja nicht, was sie entbehren.

Der Bilderkrieg: Lebenswillige kontra lebensunwillige Behinderte

Nach Tschernobyl nahm die Zustimmung für die Sterbehilfe laut Umfragen sprunghaft zu. Diese Stimmung wurde genutzt, um die Aktivitäten auf dem Gebiet der Schauselbstmorde zu verstärken. Die Fotos von zyankalibechertrinkenden Behinderten waren Anfang 1988 aus der Tagespresse nicht mehr wegzudenken. Behinderte schienen in der Öffentlichkeit nur noch als todessüchtige Menschen zu existieren.
Nach einer Serie von öffentlichen Selbsterlösungen fand im März 1988 in Karlsruhe im Zuge einer Rehabilitationsausstellung eine Podiumsdiskussion statt. »Beruflich an der Rehabilitation Beteiligte« wollten »den Behinderten Wege aufzeigen, wie sie ihr Leiden bewältigen und ihr Leben positiv gestalten können«[31], so das Mitteilungsblatt der LVA Württemberg. Die »Wege«, die uns in Karlsruhe aufgezeigt werden sollten, wurden dann wie folgt beschrieben: »Ge-

zielt auf die ›zur Zeit neu entflammte öffentliche Diskussion über aktive Sterbehilfe‹ eingehen wollte der Veranstalter mit dem provozierend gewählten Thema ›Aktive Sterbehilfe‹ – Ende der Rehabilitation?«[32] Wörtlich heißt es in dem Programm: »Führt nicht die aufgeklärte (!) Euthanasiedebatte über die gute (!) Absicht hinaus letztlich zu einer Veränderung des öffentlichen Bewußtseins; gewinnt die Vorstellung von unwertem Leben, dessen Verlängerung den hohen Aufwand an Kosten nicht lohnt, wieder an Boden? Bedeutet also die aktive Sterbehilfe das Ende der Rehabilitation?«[33]
Erschreckend bei dieser Wegebeschreibung ist die »Normalisierung« von Begriffen wie Euthanasie und Sterbehilfe und die damit einhergehende Verharmlosung der mit ihnen verbundenen Geschichte. Da ist von guter Absicht die Rede. Von »aufgeklärter Euthanasie«[34] wird gesprochen. Selbst wenn das Wort Euthanasie im ursprünglichen Sinne einmal »schöner Tod« bedeutet hat – Wörter verändern durch die Geschichte ihren Inhalt.
Ohne daß eine Notwendigkeit bestand, veranstalteten die »Wohltätigkeitsfunktionäre« eine Pro-und-Kontra-Debatte über das Thema Sterbehilfe und ebneten so den Erlösungspropheten den Weg in den Rehabilitationsbereich, machten die aktive Sterbehilfe zur seriösen Alternative zum Leben. Diese Behauptung ist keine Unterstellung. Denn wenn Fragen wie »Sterbehilfe statt Rehabilitation?« erst einmal tabubrecherisch in einen seriösen Rahmen gestellt werden, wird ja impliziert, daß die Antwort sowohl nein als auch ja lauten kann. Diese Frage muß Behinderte verunsichern. Genauso wie vermutlich die Fragestellung »Tötung von Ausländern, eine Alternative zur Ausländerintegration?« Entsetzen bei Ausländern hervorrufen würde. Doch damit noch nicht genug der Provokation Behinderter durch die Funktionäre: Als prominentes Aushängeschild wurde Hans Henning Atrott eingeladen. Ihm war eine spezielle Funktion zuge-

dacht, die sich so liest: »Gerade diese Gesellschaft tritt öffentlich vehement für die aktive Sterbehilfe ein. Die zahlreich erschienen Zuhörer erwarteten daher eine interessante, aufschlußreiche Debatte«.[35] Die aufschlußreiche Debatte mit Hans Henning Atrott fand nicht statt. Behinderte aus der Krüppelbewegung verhinderten seine öffentliche Selbstdarstellung, was sich in dem LVA-Blatt so nachliest: »Rund 20 Behinderte in Rollstühlen hatten schon zu Beginn der Veranstaltung vor dem Podium durch das Austrinken von ›Giftbechern‹ mittels Strohhalm symbolisch gegen die aktive Sterbehilfe der DGHS protestiert. Unmittelbar nachdem Atrott mit seiner Rede begonnen hatte, besetzten die protestierenden Behinderten die Bühne und entrissen Atrott sein Redemanuskript und das Mikrophon ... Obwohl die Mehrzahl der rd. 300 Besucher im Saal zu verstehen gab, daß die geplante Podiumsdiskussion stattfinden sollte und daß sie eine offensive und direkte Auseinandersetzung mit den Zielen Atrotts und seiner Gesellschaft wünschten, waren die Demonstranten nicht bereit, die Bühne zu räumen.«[36] Der Verantwortliche der Veranstaltung bezeichnete unser Verhalten als eine »Verhöhnung der grundgesetzlich garantierten freien Meinungsäußerung«. Den Kampf um unsere Daseinsberechtigung sah er am »Rande des Meinungsterrors«[37] angesiedelt.

Richtig an der Beschreibung ist, daß die Mehrzahl der Besucher für eine Debatte über unser Lebensrecht war. Mit aufgeschlossener Spannerhaftigkeit wollten sie einen Pro-und-Kontra-Streit über unsere Existenz live miterleben. Richtig ist auch, daß wir ihnen das Vergnügen einer solchen tödlichen Neugier nicht gönnen wollten und konnten. Zu sehr hätte dies gegen unsere Menschenwürde verstoßen. Argumente wie den Hinweis auf Demokratie und Meinungsfreiheit können wir in diesem Zusammenhang nicht akzeptieren. Diese Schlagwörter sollen uns letztendlich nötigen, uns freudig an einem Gespräch über unsere Beseitigung zu beteiligen. Damit würden wir zwangsläufig tödliche Bedrohungen als Bedrohte selbst verharmlosen. Den wackeren Kämpfern für die »freie Meinungsäußerung« sei in Erinnerung gerufen, daß zum Wesen der Demokratie auch der Schutz der Minderheiten gehört. Sie hätten als entschiedene Demokraten sicherlich nicht gezögert, von Volksverhetzung zu sprechen, wenn Herr Atrott nicht die Tötung Behinderter, sondern einer anderen gesellschaftlichen Minorität propagieren würde.

Ein Erfolg der Atrott-Vertreibung jedoch war, daß danach die Serie öffentlicher Schauselbstmorde aufhörte. Die Öffentlichkeit bekam statt dessen Bilder von lebenswilligen Behinderten geliefert, welche die Zyankaliemanzipation ablehnten und sich entschieden gegen die Todespropheten zur Wehr setzten. Durch die vorangegangenen Medienselbstmorde mußte ein Teil der Bevölkerung ja geradezu davon ausgehen, daß der größte Wunsch eines Behinderten der Tod sei. Nun erlebten sie das Gegenbild: Protestierende Krüppel, die »live« für ihr Lebensrecht kämpfen. Wäre nur gegen Atrott angeschrieben worden, die Wirkung wäre gering gewesen. Immer mehr bestimmt das Bild das Bewußtsein. Für die Menschen war es einfach wichtig, Behinderte zu sehen, die leben wollten. Angesichts spektakulärer Bilder von Protestkrüppeln glaubt man uns nun vielleicht wieder, daß wir nicht schon alle mit dem Leben abgeschlossen haben. Ein Bilderkrieg also: Zyankalibehinderte kontra lebenswillige Behinderte.

Trotz der Erfolge unserer Aktionen haben wir diese im nachhinein allerdings auch selbstkritisch betrachtet, denn die Grundlage »humaner« Beseitigungswünsche bildeten ja Leidensängste und konkret existierendes Leid. Gerade mit diesem Themenkomplex haben wir politisch aktiven Krüppel uns zu wenig beschäftigt. Als »selbstbewußte« Krüppel fanden wir Leid und Leidensängste unpassend für unsere »stolze« Identitätsfindung. Dadurch machen wir es den Todes-Geschäftsleuten einfach, sich die bei vielen Leuten wirklich existierende Angst zunutze zu machen. Kampflos überlassen die Sterbehilfegegner die Ängstlichen und Leidenden damit Herrn Atrott.

Eine Auseinandersetzung mit Angst und Leid fand nicht statt, im Gegenteil, wir diffamierten sogar Leid und Leidende. In »kämpferischer« Argumentation setzten wir die Opfer der Todesdebatte mit den Tätern gleich: »Die Forderung eines einzelnen nach der Tötung von sich selbst ist untrennbar verbunden mit der Forderung der Gesellschaft nach der Tötung von Behinderten.« Solche »Politfeststellungen« sind anmaßend und arrogant zugleich. Die Hauptgefahr ist ja nicht das individuelle Denken und die individuelle Entscheidung des einzelnen Behinderten.

Trotzdem bleibt es unverantwortlich, sowohl die Täter als auch die Opfer als Helden zu verallgemeinern. Die Öffentlichmachung solcher tragischen Situationen sowie der Schrei nach Nachahmung sucht und fordert die Legalisierung der Tötung von Menschen. Durch eine solche politische Handlungsanweisung entsteht zwangsläufig ein Legitimationsdruck für Kranke und Behinderte.

Unverantwortlich sind auch moralische Verallgemeinerungen. So lehnt z.B. Hans Jonas, ein großer, sich dem Prinzip Verantwortung verpflichtet fühlender Philosoph, zwar die Legalisierung der Menschentötung ab, er befüchtet – sicher zu Recht – den Mißbrauch. Die sogenannte »Mitleidstötung« jedoch hält er für moralisch, was er durch Beispiele zu belegen sucht. Für solch »moralisches« Verhalten soll der Einzelne nach Jonas durchaus vor Gericht gestellt und be-

straft werden. Zum Trost, so der Philosoph, gibt es ja auch gelegentlich humane Richter, die die hochstehende Moral der Täter zu würdigen wissen, generell aber soll er auch drastische Strafen für seine Überzeugung akzeptieren.[38]
Die Argumentation von Jonas ist genauso gefährlich wie die Begründung derjenigen, die offen nach der Legalisierung der Tötung rufen. Seine Argumentation hat letztlich das gleiche Resultat. Zuerst verallgemeinert er und stellt den Täter, der sich auch noch selbstlos dem Gericht ausliefern soll, als fraglos moralisch legitimiert dar. Da die Chancen, auf einen toleranten Richter zu treffen, gering sind, soll er für seine angeblich edlen Motive die Gefahr einer auch drastischen Gefängnisstrafe auf sich nehmen. Die logische Konsequenz solch unverantwortlichen Denkens kann eigentlich nur sein, daß sich der Ruf nach Legalisierung der Tötung verstärkt. Denn warum soll solchermaßen öffentlich als moralisch anerkanntes Handeln bestraft werden?

Die verständliche Tötung – Ein »Report«-Beitrag

Franz Alt gilt als entschlossener Anwalt für das ungeborene Leben. Vielleicht war dies der Grund dafür, daß er sich verpflichtet fühlte, dazu beizutragen, das Problem der aktiven Tötung von Schwerstbehinderten populär zu machen. Einfühlsam berichtete Franz Alt über das Schicksal eines Querschnittsgelähmten, der bei wachem Zustand angeblich immer nur sterben wollte. Und dies, nach den Aussagen des Gelähmten, zum Zeitpunkt des »Report«-Beitrages schon über zwei Jahre lang. Nur im Schlaf fand der durchgängig Leidende sein Leben schön. Dann träumte er nach eigenen Aussagen vom schönen Leben als Nichtbehinderter.
Der leidende Behinderte hatte sich mit seinem Fall an »Report« gewandt. Worauf Franz Alt diesem durch eine längere

Reportage[39] zur Hilfe eilte. Weshalb er sich an »Report« gewandt habe, will der Journalist wissen, worauf der Mann erklärte, er wollte durch seinen Fall auch auf die verzweifelte Situation anderer Schicksalsgefährten aufmerksam machen. Ein selbstloser Todeskandidat also. Um den Kontrast zwischen nichtbehindert und behindert passend zu vermitteln, erfährt der Zuschauer, daß der Mann, der nur noch seinen Kopf bewegen kann, beim »Ausleben seiner Körperlichkeit«, beim Sport, zum Behinderten geworden ist. Dann erklärt zum wiederholten Male das Opfer, selbst wenn andere in seiner Situation leben wollten, er wolle es nicht. Mit dieser Antwort gibt sich der Reporter zufrieden und fragt wenig später weiter, ob er schon mit seiner Frau gesprochen habe. Der Todeskandidat bejaht dies und berichtet, daß er mit seiner Frau ein Abkommen getroffen habe: Falls er schwer krank würde, solle sie auf keinen Fall einen Arzt holen. Dann wird sehr rasch die Möglichkeit debattiert, ob das Opfer seine Frau gebeten habe, ihn zu töten. Auskunftsfreudig erklärt der Gelähmte, daß er mit seiner Frau über die Möglichkeit gesprochen habe, ihn zu töten. Doch selbst der todesbereite Mann scheint ein verantwortlicher Mann zu sein. Nachdem er vorher schon erklärt hat, sein Leben wolle er seiner Frau nicht zumuten, will er ihr auch seine Tötung nicht zumuten. Zurecht sorgte er sich um eine Bestrafung. Dann wird ein Gespräch mit der Frau geführt. Sie erklärt wahrscheinlich für Nichtbehinderte Zuschauer einleuchtend, sie habe es sich bisher nicht vorstellen können, einem Menschen bei seinen Selbstmordabsichten zur Hand zu gehen.

Die Expertenrunde wird eröffnet. Ob eine Tötung verständlich sei oder nicht und was für ein Urteil die Frau zu erwarten habe, will der Journalist vom Oberlandesgerichtspräsidenten Rudolf Wassermann wissen. Der Jurist ist gerührt und berührt. Am liebsten würde er sie voller Verständnis bei einer eventuellen Tat freisprechen. Für den Juristen wäre eine Strafaussetzung aus Mitleidsgründen die eleganteste Lösung. Für ihn handelt es sich um eine Mitleidstötung. Die Aussage des Opfers, er existiere ja nur noch durch den Kopf, greift Franz Alt auf und fragt einen weiteren Experten, ob er sich im Rahmen zunehmender technisch-medizinischer Möglichkeiten vorstellen könne, zukünftig den Kopf vom Rumpf zu trennen, so daß der Kopf alleine weiter lebt. Dies ist kein neuer Gedanke, sondern gehört zum Alltagsrepertoire der Gruselfilme der 60er Jahre. Die Frage erweckt jedoch beim Zuschauer eindeutig Grauen und breite Sympathie für die Todeswünsche des Gelähmten. Zusätzlich wird das Denken verfestigt, daß nur der normale Körper ein richtiger Körper ist.

Der Beitrag von Franz Alt ist verantwortungslos. Er verallgemeinert das Leiden eines einzelnen und erzeugt damit objektiv Sympathie für Todeswünsche gegenüber Behinderten. Er fördert aber auch die allgemeine Akzeptanz der aktiven Tötung von Behinderten qua Mitleidstötung. Er ignoriert damit objektiv die Lebenslust von Behinderten. Er übernimmt unseriöse Aussagen wie die, daß ein Mensch ununterbrochen zwei Jahre nur Sterben will. Solch einen Menschen gibt es nicht. Genausowenig wie es einen Menschen gibt, der zwei Jahre ununterbrochen glücklich ist. Dies scheint in das oberflächliche Horrordenken mancher Nichtbehinderter gegenüber Leiden ganz allgemein und dem Konzept der humanen »Beseitigung« der Leidenden hineinzupassen. Franz Alts »aufrüttelnder Beitrag« ignoriert das Leiden nicht. Ich kritisiere, welche Konsequenz er daraus zieht. Unzulässig verallgemeinert er das Leiden eines einzelnen und macht sich durch seine Sympathie für die aktive Tötung von Menschen schuldig.

Durchsetzungsversuche von Todesethik

Die Durchsetzungsversuche der Todesethiker finden häufig im ökologisch orientierten Spektrum statt. Hier kann am ehesten mit inhaltlicher Sympathie gerechnet werden. Auf liberales Verständnis hoffend, werfen sie neue, logisch drängende Fragen auf. Doch ihre fragende Logik ist nicht neu. Einige ihrer Fragemuster wurden vor Jahren sogar mit ihrer Zustimmung als unzulässig abgelehnt. Etwa die unsägliche Gewissensprüfung beim Anerkennungsverfahren als Zivildienstleistender. »So, so« wurde damals zumindest sinngemäß einige Male gefragt: »Sie sind also gegen Gewalt, wie würden sie denn reagieren, wenn ihre Frau vergewaltigt würde?« Durch konstruierte Konfliktsituationen sollte die Moral des Verweigerers in Frage gestellt werden. Wenn er sich der drohenden Gewalt nicht entgegenstellt, muß er seiner Frau zur Hilfe eilen. Tut er dies, kann er auch nicht mehr als gewaltfrei gelten. Auf dieser Logik baut eine der Durchsetzungsstrategien der »neuen« Ethik auf.
In einem Artikel der ZEIT vom Juni 1989[40], heißt es: »Ein LKW-Fahrer geriet mit seinem Beifahrer auf einsamer Strecke in einen schweren Unfall und wurde zwischen massiven Stahlblechen ausweglos eingeklemmt. Der Wagen fing Feuer. Als der Eingeklemmte am ganzen Leib zu brennen begann, flehte er seinen Begleiter an, ihn mit der Axt zu erschlagen.«[41]
Wird auf das Busfahrerbeispiel etwa spontan im Sinne von Schadensbegrenzung geantwortet, argumentieren die Profis psychologisch nicht ungeschickt weiter: »Wenn er sich denn schon, bei diesem Beispiel für die Tötung einer Person entschieden habe, wie könne er dann noch gegen die Tötung eines Menschen sein?«[42]
Wo alles richtig ist, kann es auch keine Schuld mehr geben.

Die freie Entscheidung – Neugeborene Behinderte und geistig Behinderte

Angenommen, es gäbe wirklich die freie Entscheidung über Leben und Tod. Stellt sich dann nicht automatisch die Frage nach Ungerechtigkeiten gegenüber denjenigen, die zu einer solchen nicht fähig sind, z. B. geistig Behinderten oder behinderten Neugeborenen? Sollen diese Menschen mangels »Entscheidungsunfähigkeit« zum Leben »gezwungen« werden? In der tödlichen Moral der Euthanasiepropagandisten stellt dieser Mangel an »Freiheit« eine Ungerechtigkeit dar, und folgerichtig wurde das »humane« Töten dieser Menschen schon vor einiger Zeit bei uns diskutiert.

Als Tabubrecher betätigte sich ein weiteres Mal der »Stern«. Er führte ein Gespräch mit einem holländischen Euthanasiearzt, in dem die Daseinsberechtigung Behinderter im Mittelpunkt stand. So forderte der Neurologe und Direktor des Akademischen Krankenhauses Amsterdam, Dr. Jan ten Brink im »Stern« Nr. 34/87 Richtlinien, »um zu wissen, wann wir ein Leben beenden können und wann nicht. Ähnliches gilt auch für unsere große Neugeborenenstation. Diese Babys können niemals bekunden, ob sie leben oder sterben wollen. In Zukunft werden wir mehr denn je in der Lage sein, Kinder am Leben zu halten, die 700, 600 Gramm oder noch weniger wiegen. Solche Kinder sind oft sehr behindert, und sie werden niemals gesund. Trotzdem halten wir sie für einige Monate oder Jahre am Leben. Wenn Eltern immer wieder von uns fordern, das Leben dieser Babys zu beenden, sollten wir auch die Möglichkeit dazu haben.«[43]

Da diese Kinder nicht die Möglichkeit einer freien Entscheidung haben und nie gesund werden, sollen die – in den allermeisten Fällen gesunden nichtbehinderten – Eltern »im Namen des Kindes« frei über Leben und Tod entscheiden, über die Existenz oder Nichtexistenz eines hundertprozentig von ihnen abhängigen Menschen.

Der »Stern« bohrte nach: »Aber wo ziehen Sie die Grenze? Wer soll entscheiden, welches Leben lebenswert ist und welches nicht?«[44] Mag sein, daß der Interviewer seinen Einwand für kritisch hielt. Jedoch ging er ganz selbstverständlich von den Kategorien »lebenswert« und »lebensunwert« aus; die Frage, ob eine solche Einteilung für sich nicht schon unmenschlich sei, stand gar nicht mehr zur Debatte. Schon damals ging es offensichtlich nicht mehr um das »ob«, sondern nur noch um das »wie« einer Grenzziehung zwischen »lebenswerter« und »lebensunwerter« Existenz. Das Begriffspaar etablierte sich als Einstieg zur weiteren Infragestellung von menschlichem Leben. Diskutiert wurde lediglich die Frage, wer dazu befugt sei, die Unterscheidung vorzunehmen.

Unser holländischer Arzt empfiehlt als Entscheidungsträger ein unabhängiges Team, das im ständigen Gespräch mit den behandelnden Ärzten und den Eltern über Leben und Tod bestimmt. Als Hilfsmittel für die Entscheidung, ob das Leben eines Menschen zu beenden sei, solle eine Art »Checkliste« dienen. Wenn vorher in besagtem Interview bereits die zu erwartende Lebensdauer und die Prognose, daß das Kind nie gesund sein wird, als Kriterium für einen problematischen Fall bezeichnet wurde, so kann ich mir lebhaft vorstellen, wie eine solche Checkliste aussehen wird.

Die Eltern behinderter Kinder – Letzte Instanz über Leben und Tod?

Die Vorreiterrolle, die die »Bundesvereinigung Lebenshilfe« bei der Einladung des australischen Humangenetikers Peter Singer spielte, ist kein Zufall.

Gerade Eltern von behinderten Kindern scheinen gegenüber Tötungsdebatten besonders aufgeschlossen. Als vom »Leid der Behinderten« am unmittelbarsten »Betroffene« scheinen sie sich für eine Vorreiterrolle einer neuen Behindertenverachtung besonders zu empfehlen.

Im November 1989 fand in Österreich eine Veranstaltung über das Für und Wider von pränataler Diagnostik statt.[45] Die Träger forderten als Denkprinzip die Fragestellung, ob und inwieweit das Leben Behinderter vorbehaltlos menschenwürdig sei; weiterhin, ob Behinderte für ihre Angehörigen psychisch tragbar und für die Öffentlichkeit zumutbar seien. Zum Vergleich: Würde heute jemand die Frage stellen, ob denn das Leben als Schwarzer für die Öffentlichkeit zumutbar sei, er müßte sich zu Recht den Vorwurf des Rassismus gefallen lassen. Bei den Trägern der erwähnten Veranstaltung handelt es sich sämtlich um anerkannte Verbände von Eltern behinderter Kinder aus der Schweiz und aus Österreich, »fachlich« durch deutsche Experten unterstützt. Offensichtlich ist es an der Zeit, über den Status der Eltern von behinderten Kindern nachzudenken. Wichtig ist dabei besonders der Muttermythos. Ist die Welt sowieso schon nicht besonders müttergerecht, so verdoppeln sich die Probleme bei Müttern von behinderten Kindern. Sie haben die Last einer besonders schweren Aufgabe zu tragen. Das ist bekannt. Daher werden Mütter von Behinderten als besonders edel und aufrecht betrachtet und anerkannt. Sie gelten beinahe als unangreifbar. (Dies gilt noch verstärkt bei Vätern von behinderten Kindern, vorausgesetzt, sie kümmern sich um ihr verkrüppeltes Kind. Da sich Väter in der Regel sowieso zuwenig um ihre Kinder kümmern, ist es natürlich besonders lobenswert, wenn sich einige Männer sogar um ihr behindertes Kind sorgen.) Die – zweifellos richtige – Feststellung, daß Eltern von Behinderten es besonders schwer haben, ist der Grund für ihre nahezu uneinge-

schränkte Anerkennung und die Tatsache, daß man sich ihnen gegenüber besonders kritiklos verhält.
Der übertrieben edle Status von Eltern »unglücklicher Kinder« ist untrennbar verbunden mit dem Glück normaler Eltern. Dieses Glück ist die Hauptquelle der Anerkennung, die den unglücklichen Eltern zuteil wird. Weshalb bewundern Eltern normaler Kinder die Eltern von nicht normgerechten? Ein wichtiger Punkt ist sicherlich die »ganz normale« Sorge werdender Eltern. Da es in den Vorstellungen »Normaler« kein behindertes Wunschkind gibt, stellt sich die erste normale Frage: »Wird das Kind normal?« Ist dann das Kind normal geboren, stellt sich die zweite normale Frage, ob das Kind sich normal entwickelt. Auf der Grundlage ihres normalen Glückes schätzen Eltern den Wert von Intaktheit und Gesundheit natürlich besonders hoch ein. Ausgehend von ihrem Elternglück, bedauern sie die unglücklichen Eltern von behinderten Kindern. Selbstzufrieden fragen sie sich: »Wie halten diese Eltern die Belastung, die ein solches Kind mit sich bringt, überhaupt aus?«
Diese Haltung gegenüber behinderten Kindern dehnen viele auch auf erwachsene Behinderte aus. Sie entwickeln eine lebenswertende Sorge nach dem Motto: »In unserer Nachbarschaft lebt ein bedauernswerter junger Mann, der mit seinen dreißig Jahren auf dem geistigen Niveau eines Dreijährigen steht. Kann denn solch ein Leben noch als lebenswert eingeschätzt werden?«
Die armen, leidgeprüften, bewundernswürdigen Eltern von behinderten Kindern haben natürlich auch Zukunftsängste. Sie sorgen sich, wie sie es schaffen können, mit ihrer schweren Last doch noch als normale Eltern akzeptiert zu werden. Deshalb ist für sie die Anerkennung als Leidende durch Normal-Glückliche besonders wichtig. Der Leidensegoismus der Eltern von Behinderten entfaltet sich besonders in der Öffentlichkeit, denn sie wissen ja: Akzeptiertes Eltern-

leid ist die Grundlage ihrer gesellschaftlichen Anerkennung. »Ist es nicht toll, wie die Eltern mit dem Schicksal, ein behindertes Kind zu haben, fertig werden?«
Eltern von behinderten Kindern dürfen leiden. Ihr Leid war bisher nicht von Geringschätzung bedroht. Im Gegensatz zu dem ihrer Kinder. Die Normalen leiden unter der Last der Anormalen.
Eltern von Behinderten haben jedoch auch einen Vorteil: Sie können traditionelles Elternbesitzdenken gegenüber ihren Kindern im Gegensatz zu »normalen« Eltern, die sich in der Regel mit dem Erwachsenwerden ihrer Kinder abzufinden haben, zeitlich nahezu unbeschränkt ausleben. Auch die Lust der leidenden Eltern, Macht über ihre behinderten Kinder zu haben, wird in der Öffentlichkeit als besondere Sorge dargestellt und akzeptiert.
Die öffentliche Bewunderung, die diesen Eltern zuteil wird, legitimiert beinahe jegliches Handeln. Zur »normal glücklichen« Elternpflicht gehört es, die Elendseltern immer zu verstehen – und sei es aus Dankbarkeit über das eigene gelungene Kind. Den Elendseltern wird konsequenterweise immer größere Entscheidungsgewalt über ihr Kind zugebilligt: »Wer möchte denn schon als Glücklicher über solch Unglückliche richten.«
In der aktuellen Tötungsdebatte mehren sich die Stimmen, welche fordern, daß schlußendlich immer die Eltern, unterstützt von beratenden Ärzten, über den »Lebenswert« bzw. -unwert ihrer Kinder zu entscheiden haben. So empfinden es die Neo-Normalisten etwa als legitim, ein behindertes Kind zu töten, wenn dadurch bei den Eltern wieder Kraft für zwei potentiell gesunde Kinder freigesetzt wird. Denn, so die neuen Glücksverrechner, »die Gesamtsumme des Glücks« sei höher zu bewerten.[46]
Ich befürchte, daß solche Äußerungen eine »gewaltige« Faszination auf Eltern Behinderter ausüben; erst recht dann,

wenn die »Tötungsphantasien« als »neue Ethik« verkauft werden. Solche Gedanken haben den Effekt einer gefühlsmäßigen Befreiung. Sie müssen, falls die Debatte »normal« verläuft, bald nicht mehr unbedingt davon ausgehen, »lebenslänglich« durch die »Last«, die ein behindertes Kind bedeutet, geschlagen zu sein. Sie dürfen jetzt zumindest öffentlich davon träumen, sich, analog zur freien Entscheidung bei der Abtreibung, auch rückwirkend für oder gegen die »Last« eines behinderten Kindes zu entscheiden. DENN SCHLUSSENDLICH HABEN DIE ELTERN ZU ENTSCHEIDEN.

Daß dieses Thema einmal öffentlich, im seriösen Rahmen, diskutiert werden würde, haben wahrscheinlich die wenigsten Eltern gedacht. Früher mußten individuelle »Befreiungsgedanken« durch besondere Fürsorglichkeit bekämpft bzw. überspielt werden.

Unter Druck geraten werden auch diejenigen Eltern Behinderter, denen Tötungsphantasien fern liegen. Ihnen droht langfristig, daß ihnen die öffentliche Anerkennung der Meisterung ihres schweren Schicksals entzogen wird. Setzen sich erst einmal die neuen Kriterien durch, ist ihre Lage eben kein unausweichliches Schicksal mehr. Die Eltern bräuchten ja dann nur von dem neugewonnenen Selbstbestimmungsrecht Gebrauch zu machen und ihre freie Entscheidung gegen das Lebensrecht von Behinderten zu fällen. Entscheiden sie sich jedoch für ihr Kind, dann ist dies nicht mehr unbedingt bewunderungswürdig, sondern möglicherweise Dummheit oder Ängstlichkeit. Selbstverschuldetes Leid verdient jedoch in unserer Gesellschaft keine Anerkennung.

Die bisherige Wertschätzung, die den Eltern von Behinderten zuteil wurde, wird sich schon in naher Zukunft teilweise ins Gegenteil verkehren. Verachtet werden von den neuen Liberalen und Toleranten diejenigen Eltern, welche sich einer munteren Diskussion über die Tötung ihrer Kinder verweigern. Denn in der Zukunftsphilosophie der Zeitgeistigen ist den Eltern im Mantel der Selbstbestimmung die Rolle von Inquisitoren zugedacht.

Da die Tötung von Behinderten noch nicht legalisiert ist, machte sich in Bayern ein Vater strafbar.[47] Er praktizierte vorweggenommene Elternselbstbestimmung. Sein Hauptmotiv waren Sorgen.
Als seine Frau im Zeitalter von Tschernobyl schwanger wurde, sorgten sie sich um ihr zukünftiges Kind.
Vor lauter Sorgen um den werdenden Nachwuchs hatte das Ökopärchen die ganze Gartenerde abgetragen.
Aus lauter Sorge lehnten sie eine Fruchtwasseruntersuchung ab. Sie sorgten sich, daß der Fötus durch eine Fruchtwasseruntersuchung geschädigt würde.
Trotz aller vorgeburtlichen Sorgen wurde ein behindertes Kind geboren.
Nun begannen die nachgeburtlichen Sorgen.
Die Eltern sorgten sich, ob sie ein Leben mit einem behinderten Kind überhaupt aushalten könnten. Als fürsorgliche Eltern verdrängten sie jedoch diese ihre Sorgen.
Im Vordergrund stand für sie ganz die Sorge um ihr Kind.
Sie sorgten sich, daß ihr Kind wegen der wahrscheinlichen Ablehnung durch die Nachbarn in einem Behindertenheim untergebracht werden müsse.
Allgemein sorgten sie sich, daß das Kind in einer behindertenfeindlichen Welt leben müsse.
Sie sorgten sich, daß sie mit ihren vielen Sorgen um das Kind nicht fertig würden.
Ganz in Sorge um ihr Kind, wollten sie diesem viel Leid und damit auch das Leben ersparen.
Aufgrund dieser Sorgen entsorgte der Vater die Elternsorge und entsorgte sein Kind, indem er es tötete.

Vor Gericht sorgte sich nun auch der Verteidiger des Angeklagten.
Er sorgte sich, daß das Gericht die tatkräftige Sorge des Angeklagten nicht ethisch bewerten würde.
Wenn dem so wäre, so die Sorge des Anwaltes, würden sich im deutschen Rechtswesen Abgründe auftun.
Denn der Gesetzgeber – so der Verteidiger, seine Sorgen begründend – maße sich bei der gesetzlichen Regelung der Abtreibung selbst an, zwischen nichtbehindertem und behindertem Leben zu unterscheiden.
Die Sorgen des Verteidigers waren unbegründet.
Das Gericht hatte Verständnis für die tätige Sorge des Vaters.
Der Vorsitzende mußte sich jedoch auch um mögliche Nachahmer sorgen.
Daher mußte er aus Sorge, daß noch mehr Eltern ihr behindertes Kind entsorgen, den Angeklagten zu drei Jahren verurteilen.
UNS KRÜPPEL JEDOCH MÜSSEN SOLCHE SORGEN SEHR SORGEN.

Der Fall Singer und DIE ZEIT

Kaum zu glauben – Die »praktische Ethik« von Peter Singer

Um die Ungeheuerlichkeit der menschenverachtenden Thesen des australischen Philosophen Peter Singer zu verdeutlichen, werden nachfolgend einige Zitate aus seinem 1984 in deutscher Sprache im Reclam Verlag Stuttgart erschienenen Buch »Praktische Ethik«[48] angeführt. Diese nun folgende Zitatendarstellung birgt in sich die Gefahr der Aufwertung dieses Autors, dennoch erscheint es angebracht, diese mörderische Philosophie zur Kenntnis zu nehmen.

Singer spricht Menschen mit bestimmten Behinderungen, wie z.B. Spina bifida und Trisomie 21, das Recht auf Leben ab: »... es ist schwer einzusehen, warum man solche Wesen am Leben erhalten soll, wenn ihr Leben insgesamt elend ist.«[49] Begründet wird dies damit, daß es seines Erachtens viele Wesen gibt, »die bewußt und fähig sind, Lust und Schmerz zu erfahren, aber nicht selbstbewußt und vernunftbegabt und somit keine Personen. Viele nichtmenschliche Lebewesen gehören mit Sicherheit zu dieser Kategorie; das gilt auch für Neugeborene und einige Geisteskranke.«[50] Noch deutlicher wird dies durch folgende Aussage: »... Menschenaffen, kleinere Affen, Hunde, Katzen und selbst Mäuse und Ratten haben ein stärkeres Bewußtsein von dem, was mit ihnen geschieht, und sind schmerzempfindlicher usw. als viele hirngeschädigte Menschen, die in Krankenhäusern und anderen Insitutionen lediglich dahinvegetieren.«[51] Folglich werden von Singer bestimmte behinderte Menschen als »Nichtpersonen« bewertet, und so scheint es Singer, »daß etwa die Tötung eines Schimpansen schlimmer ist als

die Tötung eines schwer geistesgestörten Menschen, der keine Person ist.«[52] Insofern schlußfolgert Singer: »Sie zu töten kann ... nicht gleichgesetzt werden mit dem Töten normaler menschlicher Wesen.«[53] Weiter führt Singer aus: »Sofern der Tod eines geschädigten Säuglings zur Geburt eines anderen Kindes mit besseren Aussichten auf ein glückliches Leben führt, dann ist die Gesamtsumme des Glücks größer, wenn der behinderte Säugling getötet wird.«[54]
Insofern ist für ihn »der Kern der Sache ... freilich klar: Die Tötung eines behinderten Säuglings ist nicht moralisch gleichbedeutend mit der Tötung einer Person. Sehr oft ist sie überhaupt kein Unrecht.«[55]

Lebensgefahr für Behinderte – Nur ein Teilaspekt der Genforschung?

Die Genforschung steht im Brennpunkt öffentlicher Diskussionen. Peter Singer als Direktor des Institutes »Center for Human Biothecs« an der Universität Clayton/Australien eignet sich durch seine Funktion hervorragend dazu, die aktuelle Euthanasiebedrohung als Genproblem zu verzerren.
Immerhin gehört zum Denken einen Teils der reflektierten Bürger die kritische Einschätzung der Genforschung. Doch reicht dieses aus, die nicht mehr zu vertuschende Todesbedrohung gegenüber Behinderten lediglich als einen Aspekt einer »neuen Elite« innerhalb der Genforschung darzustellen?
Bedrückend ist es, wenn ein Teil des Protestpublikums erklärt: »Am Modell Behinderter werden neue Kriterien von ›wertem‹ und ›unwertem‹ Leben geschaffen. Sind diese erst einmal etabliert, wird zunehmend mehr Leben zur Disposition gestellt werden. Die Erfahrungen aus dem Nationalsozialismus machen solche Entwicklungen noch sehr konkret

vorstellbar.«[56] Diese und ähnliche Aussagen machen mich sehr skeptisch. Selbst in Anführungszeichen gesetzt ist die Bezeichnung »Modell« zumindest fahrlässig. Es entsteht der Eindruck, daß es schwerpunktmäßig gar nicht mehr um die aktuelle Lebensbedrohung von Behinderten geht, diese dienen lediglich als »Modell«.

Die Rede von der neuen Ethik der Genforschung führt sehr schnell dazu, daß es plötzlich in erster Linie um die (nicht zu verleugenden) Probleme der Frauen geht: »Was sich jetzt noch hinter der ›Erbkrankheiten‹-Forschung versteckt, ist erst der Anfang einer Politik, die auf Aussonderung ›unwerter‹ Menschen hinauswill. Besonders die Frauen werden, derzeit vor allem über die Ausweitung der vorgeburtlichen Diagnostik, immer stärker unter Druck gesetzt, individuell vorab zwischen ›wertem‹ und ›unwertem‹ Leben zu entscheiden.«[57] Bei solchen Aussagen findet eine seltsame Opferverschiebung statt. Opfer scheinen zumindest langfristig nun in erster Linie die Frauen zu sein, denn diese werden potentiell zur Täterschaft genötigt. Die Daseinsberechtigung von Behinderten wird dann sehr schnell zum Nebenproblem. Der Normalitätsdruck gegenüber Frauen scheint nun Vorrang zu haben. Sehr schnell wird dann erklärt, daß das Leben aller irgendwann bedroht ist. Aber kann eine Irgendwann-Bedrohung mit der akuten gleichgesetzt werden?

Die aktuelle Bedrohung Behinderter kann so durch allgemeine moderne Genforschungsbetroffenheit geschluckt werden.

Mich ängstigt, daß die Bedrohung des Mordes an Behinderten für die Interessen der Nichtbehinderten benutzt werden. Sie fürchten wohl zu Recht, daß ihre Normalität zur Perfektion hochgezüchtet werden soll. Doch: Ist es legitim, akutelle Todesbedrohungen gegenüber Behinderten mit zukünftigen Perfektionsängsten von Nichtbehinderten zu vermischen?

Der Gepeinigte

Nach seinem »Kreuzweg« durch die BRD im Jahre 1989, d.h. einer Reihe abgesagter oder »gestörter« Veranstaltungen, wurden die Eindrücke des australischen Wissenschaftlers in der Zeitschrift »Publik-Forum«[58] veröffentlicht: Bedauernd führt Singer an, daß neun Tage bevor ein Symposium in Marburg eröffnet werden sollte, er einen Brief des Veranstalters, der Organisation »Lebenshilfe« erhalten habe, in dem seine Einladung, auf der Konferenz zu sprechen, widerrufen wurde. Singer schreibt u.a. zutreffend, »daß die deutsche Familienministerin angekündigt habe, sie würde ihre Zusage, das Symposium zu eröffnen, bei meiner Teilnahme zurückziehen und daß das Sozialministerium, das das Symposium subventionierte, ›ernsthaft geraten‹ habe, meine Einladung zu widerrufen. Als ›PS‹ wurde hinzugefügt, daß mehrere Organisationen behinderter Menschen Protestdemonstrationen in Marburg und Dortmund gegen mich und wegen meiner Einladung gegen die ›Lebenshilfe‹ planten.«[59]
Ferner führt Singer an, daß selbst eine so »einflußreiche Zeitschrift« wie der SPIEGEL nun auch noch ausgerechnet in seiner Ausgabe vom 5. Juni 1989 einen Artikel veröffentlichte, der ihn kritisierte. Dazu Singer: »Der Artikel bildete einen heftigen Angriff auf meine Ansichten, auf die ›Lebenshilfe‹ und auf Professor Anstötz, weil er mich zu dem Vortrag eingeladen hatte. Als Illustrationen dienten Fotos von dem Transport von ›Euthanasieopfern‹ im Dritten Reich und von Hitlers ›Euthanasiebefehl‹.«[60]
Doch nun gab es »Gott sei Dank« – so Singer – auf nationaler Ebene eine »Entfesselung der Diskussion«. »Bedeutungsvoller war das Entfesseln der Diskussion auf nationaler Ebene durch Deutschlands führende liberale Wochenzeitung DIE ZEIT.«[61] Anerkennend führt Singer weiter aus: »Wie jeder mit Kenntnissen in der modernen Neugebore-

nenmedizin erwartet hätte, wurde hier berichtet, daß in Deutschland wie in anderen Ländern einige schwerbehinderte Neugeborene sterben dürfen und daß es von der Bundesärztekammer genehmigte Richtlinien gibt, die anerkennen, daß Ärzte nicht die Pflicht haben, das Leben mit allen Mitteln zu verlängern«.[62]
Eine Erklärung für die mangelnde Unterstützung der freien Diskussion während seiner »Mission« ist für Singer »die verständliche deutsche Sensibilität wegen der Nazivergangenheit«.[63] Dennoch aber sind für ihn diejenigen, die sein Auftreten verhindern, in der Geschichte genau die gewesen, die das Klima im Faschismus für die Akzeptanz der Massenmorde vorbereitet haben. Dazu Singer: »Eine Ironie liegt darin, daß die Protestierenden selber die Art Fanatismus und den fehlenden Respekt für eine rationale Erörterung gezeigt haben, die ebenfalls eine notwendige Vorbedingung für die Grausamkeiten der Nazis darstellen. Vielleicht ist überhaupt nicht die Euthanasiebewegung bei der Bereitung des Naziweges zum Völkermord hilfreich gewesen und noch nicht im modernen Deutschland ausgerottet worden, sondern die Art fanatischen Vertrauens in die eigene Redlichkeit, die es ablehnt, jemandem zuzuhören oder mit ihm vernünftig zu debattieren, der entgegengesetzte Meinungen vertritt«.[64]
Demnach wäre zu fordern, daß alle im Singerschen Sinne »Nichtpersonen«, bevor sie ermordet werden, mit ihren Mördern »vernünftig« darüber »debattieren«, ob sie nun ermordet werden sollen oder nicht. Damit würden sie sich im Sinne von Singer keine Vorbereitungsarbeit für Massenmorde mehr leisten, da sie sich von ihrem »fanatischen Vertrauen in die eigene Redlichkeit« befreit hätten. »Ärgerlich« wäre es dann allerdings für diese Singerschen »Nichtpersonen«, daß sie nach dieser von Singer geforderten »vernünftigen« Debatte nicht mehr leben.

DIE ZEIT greift ein

Nachdem die »Lebenshilfe«, die größte Elternvereinigung von geistig behinderten Kindern in der BRD, ihr Symposium[65] endgültig abgesagt hatte, fragte der Wissenschaftsredakteur Hans Schuh in der ZEIT: »Läßt sich die Euthanasie ethisch begründen?«[66]

In seinem – den Todesdiskurs Singers verteidigenden – Artikel werden durch merkwürdige Interpretationen Singers Euthanasieaussagen verharmlost: »Singer hält eine Euthanasie nur für zulässig, wenn weder die Eltern wollen, daß das Kind lebt, noch ›ein anderes Paar daran interessiert ist, den Säugling zu adoptieren‹ ... Den Begriff ›Person‹ benutzt Singer nicht im landläufigen Sinne, sondern im Sinne von Persönlichkeit (»ein selbstbewußtes oder rationales Wesen«, das Vernunft besitzt und über sich selbst nachdenken kann). Eine ›Person‹ darf man nach Singers Auffassung prinzipiell nicht töten. Bei extremer Behinderung allerdings ist für ihn die Frage, ob sich aus einem Säugling jemals eine ›Person‹ entwickeln kann, neben vielen anderen ein Kriterium dafür, ob Euthanasie zulässig ist.«[67]

Letztendlich benutzt Hans Schuh dann noch die Biographie von Peter Singer, um dessen Menschenverachtung herunterzuspielen. »Wiederholt wurde Peter Singer, ein 1946 in Melbourne geborener Jude, dessen Eltern aus Wien geflohen und dessen Großeltern in Konzentrationslagern umgekommen sind, in den vergangenen Tagen in die Nähe des Faschismus gerückt oder als Faschist bekämpft ...«[68]

Der objektive Parteigänger

Nachdem sich die Euthanasiegegner noch über ihre Zwischenerfolge freuten, fühlte sich der ZEIT-Autor Reinhard

Merkel, ehemaliger Olympia-Schwimmer, berufen, zu mehr Fairneß in der Debatte beizutragen.[69]
Dabei unterstellte er den Gegnern einer Pro-und-Kontra-Diskussion wie z. B. dem SPIEGEL eine bösartige, weil ungenaue Vorgehensweise. (Tatsächlich hieß es im SPIEGEL Nr. 23, 1989: »In bezug auf jede andere Gruppe von Menschen wäre die These Singers in Gefahr, als faschistisches Gedankengut abgelehnt zu werden – ohne wissenschaftlichen Diskurs. Eine Verantstaltung, die sich mit dem Lebensrecht neugeborener Frauen oder Ausländer beschäftigen wollte, hätte – berechtigterweise – einen öffentlichen Protestansturm zur Folge ...«)
Merkel selbst nimmt dafür direkt oder indirekt eine klare Position zugunsten der Euthanasie ein. Aus seinem Plädoyer: »Eine große Zahl täglicher klinischer Grenzfälle an den nicht mehr erkennbaren Trennlinien zwischen Recht und Unrecht verschwindet spurlos in einer gnädigen Praxis des Wegschauens bei Staatsanwälten und medizinischen Kollegen. Daß hier überhaupt noch Ärzte angeklagt und verurteilt werden – so gerecht es im Einzelfall erscheinen mag – mutet vor diesem Horizont einer gigantischen Dunkelziffer der Normalität wie blanke Willkür an.«[70]
Wer sich dem Wunsch nach Legalisierung des Tötens nicht anschließen will, wird von Merkel mit einer Serie von Schimpfworten wie etwa »aggressiv disponierte Ignoranz«, »aggressive Intoleranz«, »Pathos der Hysterie«, »eher peinliche als bösartige Beschränktheit«[71] überhäuft.
Lamentierend führt Merkel aus, daß es seit der Nazizeit in Deutschland nicht möglich sei, den Begriff »lebenswert« »ausschließlich aus der Innenperspektive des leidenden Betroffenen, die im Falle eines Kleinkindes eben, so gut es geht, von außen erschlossen werden muß«[72], zu definieren.
Als Ansatzpunkt für seine praktische Form von Humanität sieht Merkel einen »Alternativentwurf eines Gesetzes über

Sterbehilfe«[73] aus dem Jahre 1986. Hierin ist die Möglichkeit des Absehens von Strafe bei der Tötung von Menschen vorgesehen. Noch wurde die Empfehlung 1986 größtenteils auf dem »Deutschen Juristentag«[74] abgelehnt.
Einer der Initiatoren des Gesetzentwurfes hieß Arthur Kaufmann. Dieser Arthur Kaufmann gab einem Euthanasiesymposium der Evangelischen Akademie Nord-Elbien die Ehre und stellt dabei den »objektiven« Zeitredakteur Reinhard Merkel lobend als seinen langjährigen Assistenten vor.

Aktion und Reaktion

Die Reaktion auf den ZEIT-Artikel war Ratlosigkeit und Bestürztheit. Es mußte gehandelt werden, um in der Öffentlichkeit den Eindruck einer akzeptierten Pro-und-Kontra-Debatte zu verhindern. Dies war der Grund, weshalb ich mich vor dem Hamburger Pressehaus ankettete.

27. Juni 1989

Tödlicher Zeit-Geist
Ich protestiere gegen DIE ZEIT.

In der ZEIT Nr. 26 vom 23. Juni 1989 wurde ein dreiseitiges Dossier unter der Überschrift »Der Streit um Leben und Tod« veröffentlicht und mit folgenden Worten angekündigt:
»Ob menschliches Leben unter jeder Bedingung zu schützen ist oder ob es unter Umständen ausgelöscht werden darf: Diese Streitfrage ist durch die Hochleistungsmedizin brisant geworden. Doch Moralphilosophen, die diese Frage diskutieren möchten, werden in der Bundesrepublik als ›faschistisch‹ abgekanzelt. Über die Probleme der Euthanasie-Frage ein Bericht von Reinhard Merkel.«

Reinhard Merkel und andere betreiben auf diesen drei ZEIT-Seiten entschieden und demagogisch Propaganda für die Vernichtung behinderten Lebens. Sterbehilfe – so die neuen ZEITzeichen – für behinderte Neugeborene muß endlich legalisiert werden, um den betroffenen Kindern und Eltern zu »helfen«.

Gegen diese Art von »Hilfe« wehre ich mich.
Ich erinnere mich sehr gut an die lautstarke Drohung meines Vaters: »Ich werde dir schon helfen!« Als ehemaliger Gefolgsmann des »Führers« bedauerte er meine späte Geburt. »Wenn der Franz früher geboren worden wäre«, sagte er zu meiner Mutter, »wäre alles viel leichter«. Gut zehn Jahre früher geboren, hätte man mir und meinen Eltern durch die tödliche Gnade der Nazi-Euthanasie »viel Leid erspart«.

Nun droht Reinhard Merkel denjenigen Behinderten, deren Lebensunwertigkeit für ihn erwiesen scheint, wiederum Hilfe an. Angeblich handelt es sich hier um Moralphilosophie und hat selbstredend mit faschistischem Gedankengut nichts zu tun. Die Begründung ist heute nicht mehr offen die Rassenhygiene des deutschen Volkes. Es geht um das individuelle Glück und die individuelle Entscheidung. »Unwertes Leben« bleibt dennoch unwertes Leben. Dazu gehören laut ZEIT-Dossier bisher Menschen mit Mongolismus, Spina bifida, geistig Behinderte und künftige Dialyse-Patienten, »denn ab einer gewissen Entwicklungsstufe lassen sich die zukünftigen Leiden mit Gewißheit vorhersagen.«

Dekorative Darstellung von Einzelschicksalen bis hin zu Auswirkungen auf die Eltern (... »Ihre Ehe ging in der Folge zu Bruche.«) appellieren im ZEIT-Dossier an Mitleidsgefühle und scheinbare humanitäre Ansprüche: Man will den armen behinderten Kindern und den Eltern »helfen«, ihnen »unnötiges Leid« ersparen. Außerdem sei es doch schon gang und gäbe, schwerstbehinderte Säuglinge nach der Geburt in den Kliniken verhungern zu lassen. Das ZEIT-Dossier fordert den schnellen Tod, die »aktive Sterbehilfe« für schwerbehinderte Neugeborene.

Niemand würde ernsthaft die Legalisierung von Vergewaltigung in der Ehe fordern allein mit der Begründung, daß sie tagtäglich überall passiert. Eine »neue Ethik«, die aufgrund gesellschaftlich üblicher Handlungsweisen alle moralischen Tabus durchbrechen will, um zwischen »wertem« und »unwertem« Leben zu unterscheiden, ist keine neue Ethik, sondern unmenschliche Qualitätsauslese.

Damit gehen die neuen Euthanasie-Vertreter weiter, als es der Nazi-Propaganda-Film »*Ich klage an*« wagte. In diesem Film – propagandistisches Begleitmedium für die geplante Legalisierung der massenweisen Ermordung von Behinderten – blieb die moralische Einschätzung formal offen.

In der ZEIT vom 23. Juni 1989 gibt es kein offenes Ende. Moralisch ist es heute, Schwerbehinderte schnell und elegant unauffällig zu töten. Eingeklagt werden die juristische und moralische Grundlage für diese »Auslöschung«.

Die Pressefreiheit ist dort keine mehr, wo sie publizistische Todesurteile über Menschen fällt.

Haben die Herausgeber der ZEIT, Dr. Marion Gräfin Dönhoff und Helmut Schmidt, aus der Geschichte so wenig gelernt, daß sie es zulassen, drei Seiten Euthanasie-Propaganda zu veröffentlichen? Aus welchem Grund werden die Gegner und Gegnerinnen dieser Propaganda diffamiert und als »peinlich, beschränkt, intolerant und hysterisch« beschrieben?
Ich bin von der ZEIT aufgefordert worden, einen Beitrag zum Thema zu schreiben. Ehe sich die Herausgeber nicht von den verantwortlichen Euthanasie-Propagandisten getrennt haben, bin ich dazu nicht bereit. Es gibt dafür in diesen ZEITEN keine gemeinsame Plattform.

Die Würde des Menschen und somit auch das Lebensrecht behinderter Menschen ist undiskutierbar!

Franz Christoph

Nach einiger Zeit erschien der schon erwähnte Redakteur Schuh und versuchte, die anwesende Presse zu beruhigen, indem er feststellte, daß »Betroffene« in einer solchen Debatte nicht ernst zu nehmen seien, da ihnen der nötige Abstand zur Situation und damit ein Stückchen Realität abhanden gekommen sei. Nachdem Schuh seine »präzise Erklärung« abgegeben und sich in die höheren Denketagen der ZEIT zurückgezogen hatte, folgte stundenlanges Warten. Erst nachdem die drei Bischöfe von Nordelbien eine Erklärung zu besagtem ZEIT-Artikel herausgegeben hatten, in der sie sich zwar gegen eine Tabuisierung des Themas wandten, jedoch die ZEIT-Veröffentlichung für unverantwortlich

erklärten,[75] besuchte mich der Chefredakteur Theo Sommer. Um den Konflikt zu besprechen, lud er zu einem Gespräch bei der nächsten Redaktionskonferenz ein. Vorab wurde geklärt, daß neben mir auch noch der Lübecker Bischof Wilkens sowie der Vorsitzende der deutschen Gesellschaft für soziale Psychatrie Joseph Schädle teilnehmen sollten.
Mit der Erwartung einer Entschuldigung gingen zumindest Joseph Schädle und ich in das Gespräch mit der ZEIT-Redaktion. Neben uns beiden und dem Bischof nahm (»wegen gruppendynamischer Arbeitsweisen innerhalb der ZEIT-Redaktion«) auch ein fleißig mitschreibender Herr an dem Gespräch teil. Erst gegen Ende des Gesprächs wurde Joseph Schädle und mir dann das Vorhaben einer Gesprächsveröffentlichung gebeichtet. Unter dem Versprechen, uns vorher die Druckfahnen zuzusenden, willigten wir letztendlich ein. Trotz mehrfacher Erinnerung wurden uns die versprochenen Druckfahnen nicht zugesandt. An eine Veröffentlichung, hieß es, sei erst zu einem späteren Termin gedacht. Doch plötzlich war das Gespräch im Druck, und die Zusendung der Druckfahnen nicht mehr möglich. Bei der Veröffentlichung waren wir dann äußerst überrascht, daß die Diskussion als »Fortsetzung der Euthanasie-Debatte«[76] angekündigt wurde. Als Gegner einer solchen falsch verstandenen Liberalität hätten wir uns an einer solchen Debatte nie beteiligt. Der Gesprächsverlauf wurde nur lückenhaft und nicht korrekt wiedergegeben. Die Veröffentlichung der Entschuldigung des Chefredakteurs Theo Sommer für die Äußerung vom »Auslöschen menschlichen Lebens« wurde für genauso unwesentlich betrachtet wie sein Eingeständnis, daß die Auswirkungen des Euthanasie-Beitrages von seiner Zeitung in der Öffentlichkeit zu wenig berücksichtigt worden war.

Fortsetzung im »Club 2«

Auf Grundlage der Auseinandersetzungen mit der ZEIT fand anschließend in der bekannten österreichischen Fernseh-Talk-Show »Club 2« am 18. Juli 1989 eine Euthanasie-Debatte statt. Star der Sendung war neben ZEIT-Redakteur Reinhard Merkel Peter Singer. Auf seinen Terminplan Rücksicht nehmend, wurde die Sendung im Gegensatz zur sonstigen »Club 2« Gepflogenheit zum ersten Mal in der Geschichte dieser Sendung aufgezeichnet.
Schon vor der Ausstrahlung protestierte nahezu das gesamte Spektrum der österreichischen Behinderten, unter anderem ARGE REHAB, Dachorganisation von 62 Behindertenverbänden, sowie Künstler, Schriftsteller und Parlamentarier, gegen das »Euthanasie-Programm« in »Club 2« Garnitur.[77]
Schon einige Tage vorher richtete der Leiter des österreichischen Dokumentationsarchivs des Widerstandes gegen den Nationalsozialismus einen Brief an den Intendanten, worin er unter anderem schreibt: »Den Medien entnehme ich, daß für den 18. Juli 1989 ein ›Club 2‹ mit dem unfaßbaren Titel ›Haben schwerstbehinderte Neugeborene ein Recht auf Leben?‹ angesetzt ist ... Weiß der ORF nicht, daß in den Jahren von 1939–1945 die NS-Rassenhygieniker mit ähnlichen Argumenten die Kindereuthanasie betrieben haben, der 5 000 Kinder zum Opfer gefallen sind ... Eine Sendung mit solchem Titel und solchen Diskutanten verstößt nicht nur gegen jedes humane Denken und Fühlen-; ... Der ORF setzt sich damit dem Vorwurf aus, einer an nationalsozialistische Vorbilder erinnernde Tötungspropaganda und damit einer strafbaren Handlung Vorschub zu leisten...«[78] Den Brief übermittelte der Leiter des Widerstandsarchivs noch an die Staatsanwaltschaft Wien, mit der Bitte zu überprüfen, ob bei der aufgezeichneten Sendung der Verdacht auf eine strafbare Handlung vorliegt.

Alle Proteste und Initiativen halfen nichts. Letztendlich wurde die Sendung ausgestrahlt. Noch am Tage der Sendung legitimierte das ORF sein Verhalten mit der Vorreiterrolle der ZEIT.

Nach der Ausstrahlung stellte der österreichische Arzt und Schriftsteller Werner Vogt in seinem Kommentar in der österreichischen Zeitschrift »Standard« fest: »Man kann nicht über alles reden. Wer im Haus des Gehängten nicht über den Strick reden will, ist neuerdings ein Fundamentalist. Wenn sich die Behinderten gegen eine neue Ethik wehren, die aus Mitleidsgründen über neue Spielregeln des Tötens von Behinderten spekuliert, wenn sich also die Benachteiligten nicht freudig am Diskurs über ihre zukünftige Beseitigung beteiligen, werden sie der Tabuisierung bezichtigt.«[79]

Gesundheit und Krankheit

Das Recht auf Gesundheit – Ein Denkfehler

Das vermeintliche Recht auf Gesundheit hat wieder Hochkonjunktur, trotz der fatalen geschichtlichen Kontinuität bei diesem Thema: Es bedeutete in der Geschichte immer eine Bedrohung für Behinderte und Kranke. Am brutalsten wurde das »Recht auf Gesundheit« während des Nationalsozialismus versucht als Pflicht durchzusetzen. Die Auswirkungen müssen, so hoffe ich, nicht mehr näher beschrieben werden.

Gesundheit war für normale Sehnsüchte immer oberstes Ziel. Ob es denn ein Recht auf Gesundheit überhaupt geben kann, fragte niemand. Gerade in der heutigen Zeit, wo Gesundheitsgefährdungen zunehmen, wird wieder unreflektiert dieses nicht einklagbare »Recht« gefordert.

Die Verfechter dieser vermeintlichen Ansprüche ignorieren die Tatsache, daß Krankheit und Behinderung immer Bestandteile des menschlichen Daseins waren; sie setzen, indem sie damit Krankheit und Behinderung zwangsläufig in die Nähe des Unrechts rücken, ein anderes, zweifellos sinnvoller zu wertendes Recht der Menschen aufs Spiel: das Recht auf Unvollkommenheit.

Krankheit spielt im Leben jedes Menschen eine Rolle, ebenso wie der Tod. Mir ist jedenfalls kein Mensch bekannt, der sein ganzes Leben lang fortwährend gesund war.

Wie ließe sich nun das »Recht auf Gesundheit« bei einer Krankheit durchsetzen? Üblich ist es, bei Gewalttaten die Rechtsbrecher vor Gericht zu stellen. Dies dürfte jedoch bei manchen Viren nicht einfach sein.

In der Orientierung an der Absolutheit der gesunden Normalität ist für differenziertes Denken offenbar wenig Raum. Daher sind Nichtbehinderte irritiert, wenn ihr Ganzheitlichkeits-Dogmatismus in Frage gestellt wird. Denn für sie ist das »Recht auf Gesundheit« ganz selbstverständlich gleichbedeutend mit dem Recht auf Schutz vor gewaltsamer Beeinträchtigung derselben. Man wirft leicht alles in einen passenden Interessentopf: Berechtigte Proteste, z.B. gegen die schädigenden Auswirkungen der Industriegesellschaft (von denen, nebenbei bemerkt, Behinderte und Kranke mindestens genauso stark betroffen sind wie alle anderen), werden gekoppelt mit den normalen Vorstellungen von der »Höherwertigkeit« des »körperlich und geistig intakten« Lebens. Der Gedanke, daß die Aufgabe einer solchen repressiven Gesundheitsrecht-Vorstellung nicht automatisch die Zustimmung zur Schädigung von Menschen bedeutet, erscheint vielen Nichtbehinderten unverständlich, sie können sich das eine nicht ohne das andere vorstellen. Bei solch vereinfachend-selektiver Wahrnehmung wäre es illusorisch zu hoffen, daß Gesunde in absehbarer Zeit zwischen dem Recht auf ausreichende medizinische Versorgung und einem allgemeinen Gesundheitsabsolutismus zu unterscheiden lernten. Auch befürchte ich, daß dies gar nicht gewollt wird. Die Sehnsucht nach gesunder Vollkommenheit soll unangetastet bleiben.

Liebe Mutter Erde

Ökologische Katastrophen konnten nicht mehr als Einzelbeispiele abgetan werden. Der Mensch wurde als potentieller Selbstmörder entlarvt, der langfristig seine eigenen Lebensgrundlagen zerstörte. Dadurch gefährdete er rücksichtslos das Leben anderer »Mitgeschöpfe«. Da der ökologische »Notstand« ausgebrochen war, mußte rasch gehandelt werden. Im Vordergrund des Aktionsprogrammes stand die Versöhnung mit der Natur. Im Rahmen dieses Versöhnungsprogrammes sollte endlich Schluß sein mit der Ausbeutung der Natur. Die Menschen sollten sich wieder ein Gefühl für Wald und Wiesen erarbeiten, das nur durch eine Vermenschlichung der Natur erreichbar schien.

Im Rahmen des neuen »Wir-Gefühles« wurde der Baum zu unserem Bruder. Selbst wenn der deutsche Wald krankte und eigentlich auf die Intensivstation gehörte, dachte bei diesen »Brüdern« – im Gegensatz zu bestimmten »kranken« Menschen – keiner an Sterbehilfe. Die neue Mitgeschöpflichkeit verschwesterte die Tiere, Konsequenz: die Forderung nach Abschaffung des »Kannibalismus«. Heftig wurde der Verzehr von Schwestern angegriffen. Fleischesser wurden des Schwesternmordes bezichtigt.

Die Ideologie des offensiven Vegetarismus entstand – jedoch nicht nur aus mitgeschöpflicher Solidarität. Langfristig, so erklärten die Vegetarier, sollten die tierischen Schwestern ungesund für den menschlichen Organismus sein.

Den Spitzenplatz in der Naturvermenschlichung nahm die Erde ein. Die Spenderin von allem Leben wurde vermuttert. Diese wiederentdeckte Erde wurde per se zur gütigen Mutter erklärt, die es nur gut mit allen Mitgeschöpfen meinte, trotz der bitteren Erkenntnis, daß sie sich gelegentlich gegen ihren Vergewaltiger Mensch in Form von Naturkatastrophen zur Wehr setzt. Im Rahmen der Versöhnung mußte die gerechte Wut der Mutter einfach ausgehalten werden. Trotz neu entdeckter natürlicher Friedfertigkeit bestand Einigkeit, daß es nur gerecht sei, die Verbrechen der Menschheit zu bestrafen.

Dieser Versöhnungskitsch ignorierte, daß es immer einen Konflikt zwischen Mensch und Natur gab. Daraus entwikkelte sich ein wesentlicher Bestandteil von menschlicher Kultur. Einwände gegenüber der Unzulänglichkeit mensch-

licher Kultur sind nicht wegzuwischen. Doch daraus die Konsequenz zu ziehen, sämtliche menschliche Errungenschaften von Technik, Industrie etc. zu ignorieren, ist eine vorweggenommene Legitimation »natürlicher« Barbarei – die Einstiegsdroge in Richtung tierische Ethik.
Der Denkfehler lag darin, daß die produzierte Kultur der »Friedfertigkeit« als Sehnsucht nicht mehr unterscheiden konnte zwischen Konflikt und Zerstörung. Für die Öko-Versöhnler ist dies ein und dasselbe.
Indem Versöhnungsökologen Mensch und Natur als gleichwertige Geschöpfe betrachteten, konnte der Neodarwinismus erfolgreich in das alternative Denken eindringen. Die Ökologiebewegung bescherte uns damit die Zunahme der Vorstellung vom »gesunden Geist in einem gesunden Körper«, denn als Gegenbild zu den nicht wegzuleugnenden Gefährdungen entstand die Sehnsucht nach der absoluten Gesundheit.[80] Behinderung, Leid und Krankheit schienen nicht mehr aushaltbar. Zu sehr erinnerte die Anwesenheit von Leidenden Nichtbehinderte an die noch anhaltende Bedrohung, an ihre gelegentlichen Niederlagen für einen Kampf um eine bessere (gesündere) Welt und vor allem daran, daß unabhängig von ihrer gewalttätigen Vorbeugungspropaganda die absolut gesunde Welt eine Illusion darstellt. Die Folge: Das Bedürfnis nach Leidensliquidierung stieg – unter anderem auch deshalb, um sich nicht mit eigenen Illusionen zu konfrontieren.
Die logische Weiterführung eines solchen Denkens ist die Vermeidung von Schuldvorwürfen. Denn neben der klassischen Abschreckungsagitation gab es auch die Schuldpropaganda. Immer wieder mußte die große Schuld des Menschen an den ökologischen Gefährdungen betont werden. Kindern wurde im Rahmen von aufklärender Pädagogik beigebracht, mit ihren Eltern abzurechnen.[81] Der Anspruch auf kulturelle Selbstbeschimpfung stieg.

Doch permanente Schuldzuweisungen hält langfristig der stärkste Masochist nicht aus. Es entstand als Gegenreaktion die Sehnsucht nach einem schuldfreien Denken. In Verbindung mit dem Bedürfnis nach einer leidfreien Gesellschaft entstanden sehr rasch der Gedanke und das Bedürfnis einer schuldlosen Beseitigung der Leidenden, Kranken und Behinderten. Zur Umsetzung ihrer unschuldigen Tötungsphantasien benötigen die Leidbefreier jedoch eine neue Ethik.

Aufwertung der Tiere – Argumente für Euthanasie

Entschieden verteidigte Bernhard Lötsch, ein bekannter österreichischer Ökologe, die Thesen des inzwischen verstorbenen Verhaltensforschers Konrad Lorenz und plädiert für geplante Zuchtauswahl bei Menschen. So ist es für ihn zumindest problematisch, über einen besorgten Evolutionsdenker herzufallen, der eine Zeitlang glaubte, im Falle nachweislicher, erblicher Defekte (und nur in diesen Fällen) zu Fortpflanzungsverzicht (niemals zur Tötung) raten zu müssen«.[82] Nachdem er zuvor auf die Zunahme körperlicher und psychischer Degenerationserscheinungen hinwies und vor den »genetischen« Gefahren für den Homo sapiens im Zustand jahrtausendlanger »Selbst-Domestikation« warnte, schreibt er: »Der sachliche Kern (gemeint ist die Menschenauslese F.C.) hatte nichts mit Naziideologie und natürlich schon damals nichts mit der Judenfrage zu tun. Er bewegt Biologen seit der Entdeckung von Mutation und Selektion.«[83] Als Beleg für diese These führt er dann einen in der damaligen Zeit renommierten Ausmerzideologen an, der sich der politischen Zusammenarbeit mit den Nazis verweigerte. Ist damit nicht Naziunrecht an Behinderten und Kranken von Unmenschlichkeit befreit, nur weil die Nazi-

verbrechen gegen die Menschlichkeit auch international »seriös« diskutiert wurden?
Nachweisbar war die Verächtlichmachung der Juden kein rein deutsches Phänomen. Doch ich vermute, daß nicht einmal Herr Lötsch auf die Idee käme, dies als Verharmlosung der Naziverbrechen an den Juden zu benutzen.
Lötsch wartet in seinem Rehabilitationsbeitrag mit einem besonders interessanten Vertreter der Menschenauslesezunft auf. »Der amerikanische Nobelpreisträger H.J. Muller, der 1933 bis 1937 auch in Rußland wirkte, hielt die allmähliche Zunahme von genetischen Ausfällen durch verringerte Auslese für die größte Langfristgefahr der zivilisierten Menschheit und äußerte eugenische Vorschläge.«[84]
Warum eignet sich Muller so hervorragend für Lötschs Euthanasie-Verharmlosung?
Muller hat nicht nur in der Sowjetunion gewirkt. Er war amerikanischer Kommunist, naiver Stalinist und Teilnehmer am spanischen Bürgerkrieg. So war es selbstverständlich, daß er es ablehnte, beruflich für die Nazis zu arbeiten. Abgelehnt wurden seine eugenischen Gedanken aber auch von Stalin, der anscheinend noch nicht begriffen hatte, wie notwendig eine »praktische Eugenik« für eine kommunistische und soziale Ideologie hätte sein können.
Im Verhältnis zu den Massenmorden der Nazis wirkt linke Menschenverachtung beinahe nebensächlich und wird gerne verdrängt. Dabei besteht der Unterschied in bezug auf eugenische Ideen lediglich darin, daß die nazistischen Eugeniker die Macht hatten, ihr Konzept zu realisieren, während die anderen selbst Opfer der Macht wurden. Doch reicht dies aus, sich nicht mehr mit dem Gesundheitsbild in den eigenen Reihen auseinanderzusetzen? Mit der Ideologie der linken Arbeitersportverbände? – Der »gesunde Geist in einem gesunden Körper« war nicht nur eine Ideologie der Nazis!
Die Auseinandersetzung mit der »gesunden, linken« Ge-

schichte ist bitter nötig. Die Kontinuität und Penetranz der Verdrängung macht auch heute die Anfälligkeit so mancher linker, liberaler Demokraten für die Euthanasie verständlich. Die Geschichte in ihrem Sinne einseitig interpretierend, empören sie sich mit den Naziideologien gleichgesetzt zu werden. Bei der seltsamen Einteilung von guten und bösen Eugenikern wird vergessen, daß der wissenschaftliche Austausch auch damals grenzübergreifend stattfand. Ob es dem Tier- und Lorenzfreund Lötsch paßt oder nicht. Den Tieren einen höheren Lebenswert als gewissen Menschen zu spendieren, hat Tradition, eine grausame.

Es gibt eine klar erkennbare Affinität zwischen der »Aufwertung« von Tieren und ihrer Gleichstellung zum Menschen und der Abwertung »minderwertigen« menschlichen Lebens.

Im SS-Kampfblatt »Der schwarze Korps«: »Ein idiotisch geborenes Kind heißt es, hat keinen persönlichen Wert. Das Bewußtsein seines Daseins geht ihm weniger auf als einem Tier«.[85] Die Nazis waren nicht gerade extreme Tierquäler, im Gegenteil, ihre Tierfilme standen den heutigen Tierfilmen z.B. über die letzten schönen Tierreservate an Ästhetik in nichts nach. Mit dem gewichtigen Unterschied, daß damals der Eleganz der Tiere gelegentlich Krüppel und sogenannte »Idioten« gegenübergestellt wurden.

In Aufarbeitung der Folgen von Tschernobyl brachte die Glasnost-Zeitschrift »Moskau News« ein Foto von einem geschädigten Ferkel, das sich auf dem Arm einer Bäuerin befand. Die Bäuerin erzählt dem Reporter von ihren Kindern, beginnt plötzlich zu weinen, als sie ihren Blick auf das Ferkel wirft, und fragt verzweifelt: »Wie werden wohl meine Enkel werden?«[86]

In Kinderbüchern haben die Menschen harte Konkurrenz bekommen, Bauernfamilien werden selbst in Ökokinderbüchern immer seltener. Den netten und fleißigen Bauernjungen, der Gänse füttert, gibt es in den Bilderbüchern nicht mehr. Statt dessen kocht Mutter-Gans für den Papa-Gans frühmorgens Kaffee. Pädagogik, so scheint es, ist offensichtlich nur über die Identifizierung mit Tieren zu vermitteln, die sehr oft gerade als die »guten und braven Lebewesen idealisiert werden«.

Die Tiere als die besseren Menschen?

Doch nicht nur das! Die »bösartige« Kreatur Mensch sorgt dafür, daß die Tiere »pervers« werden. Etwa wenn er sie in Zoologische Gärten einsperrt. Vor zwei Jahren erschien in dem Magazin WIENER ein aufrüttelnder Bericht über das Leben der Tiere »in zoologischer Haft«, in dem der Zoo gleichgesetzt wurde mit psychiatrischen Anstalten, die analog zu den Forderungen der italienischen Anti-Psychiatrie aufgelöst werden sollten.[87] Die Redakteure erklärten: Die Tiere würden in den Zoos derartig gequält, daß sie abnormes Verhalten an den Tag legten. In Freiheit, so erfahre ich aus dem Bericht, gibt es fast keine Tierart, die zu »schwulem« Verhalten neigt. In zoologischer Haft jedoch entwickeln sie, nach Aussage des WIENER, massenhaft perverse Verhaltensweisen und werden schwul. Solch eine Aussage gilt von Mensch zu Mensch in »kritischen, bürgerlich-liberalen« Kreisen noch immer als Indiz von Menschenverachtung. Über den Umweg ins Tierreich und über die Ideologie der Gleichheit zwischen Mensch und Tier lassen sich alte Vorurteile und Verachtung scheinbar unbemerkt wieder neu beleben.

Linke christliche Leidens-Union

Als Kind wurde mir beigebracht, daß Gott die Menschen aus dem Paradies vertrieb. Von nun an sollte er als Strafe für den Sündenfall leiden. Und der Mensch litt anständig, denn er wollte ja wieder zurück ins Paradies, und dies ging nur durch christliches Erdulden seiner Leiden. Nach seinem Tod galt der Mensch als erlöst. Bei gutem irdischen Führungszeugnis konnte er Richtung Himmel fahren.

Gut, es sei zugestanden: Derartige märchenhafte Vorstellungen von Paradies, Himmel, Hölle und Gott werden nicht einmal mehr von dem Herrn in Rom vertreten. Oberflächliche Leidensklischees jedoch begegnen einem häufig, besonders im allseits gepflegten, christlichen wie linken Stammtischdenken.

Den dabei auftretenden, oft erstaunlichen Übereinstimmungen sei dieser Absatz gewidmet, denn Stammtischpsyche und -klischees beeinflussen die Gesellschaft oft mehr als Seminararbeiten.

Selbst bei linken Denkern, die schon lange mit Gott abgeschlossen haben, ist paradiesische Glückssucherei vorhanden. Schon vor Jahren besang die radikal kämpferische Musikgruppe »Ton-Steine-Scherben« notwendigen Widerstand als »Schritt für Schritt ins Paradies« – Paradies als die absolut erstrebenswerte Vorstellung vom Glück auf Erden.

Zwar mögen für manchen linken Anti-Christen die naiven Gottesvorstellungen mancher Gläubiger eine Provokation dargestellt haben, weil diese ja fürs Jenseits, die Linken jedoch fürs Diesseits leben. Eines jedoch haben sie gemeinsam: die Vorstellung des absoluten Glücks als Existenzziel.

Obwohl die christliche Jenseitsgläubigkeit von linken »irdischen Gläubigen« belächelt wird, sind auch bei ihnen kontinuierlich Ewigkeitsphantasien anzutreffen. Am deutlichsten wird dies beim linken Kult der »Heiligenverehrung«. Tote linke Helden leben ewig weiter, vor allem in den Herzen des Widerstandes, was auf Festivals des politischen Liedes, das Publikum nicht selten zu Tränen rührend, entsprechend besungen wird. Auch bei Todeszeremonien gibt es Gemeinsamkeiten. Wenn etwa ein traditioneller Pfarrer Angehörige tröstet, sie müßten sich nicht allzusehr um den Verstorbenen sorgen, dieser sei jetzt in den Händen Gottes gut aufgehoben, so werden bei den Linken, die ja nicht an ein Leben nach dem Tode glauben, den Toten die Sorgen um die Lebenden genommen. Mit den Worten »Holger, der Kampf geht weiter« beruhigte Rudi Dutschke den toten Holger Meins an seinem Grab.

Die Gemeinsamkeiten zwischen der Kirche und den Linken könnte beliebig lange fortgeführt werden. Beide Gruppierungen sind in einer Krise. Daher ist es nicht verwunderlich, daß zwischen unchristlichen und christlichen Demokraten besonders auf den regelmäßig stattfindenden Kirchentagen ein heftiger Flirt stattfindet. Nach dem Motto »Gemeinsam sind wir stärker« oder »Der Herr liebt alle Menschen« führen Diesseits- und Jenseitsideologen mittlerweile eine Art wilder Ehe.

Mit gutem Grund. Beide kämpfen schließlich für den Erhalt der Welt. Die einen, weil sie nach wiederholtem Lesen der Bergpredigt zum wiederholten Male feststellen, daß dort kein Aufruf zu ihrer Zerstörung zu finden ist, die anderen aus der Erkenntnis, daß die Welt nur durch eine große »Weltschützerbewegung« zu retten ist.

Hinzu kommt, daß die neue Generation der Christen gedanklich nicht mehr so zugenagelt ist wie die weltfremden Vorläufergenerationen. Die Neo-Christen haben immerhin aus der »unbestreitbaren« Tatsache, daß die Welt Gottes Schöpfung sei, die Folgerung abgeleitet, daß es der Atomlobby und den Chemiegiganten nicht zusteht, diese Schöpfung zu bedrohen. Der »Zeitgeistchrist« muß angesichts der Gefährdungen von Gottes ökologischer Welt als Biochrist tätig werden. Um das neue Bündnis ideologisch zu vertiefen und um eventuell geschichtlich bedingtes Mißtrauen abzubauen, trifft sich das neue links-christliche Gottesbündnis nicht nur auf Kirchentagen. Um aktuelle Fragen kritisch und tabubrechend anzugehen, finden auch gemeinsame Beratschlagungstreffen in fortschrittlichen christlichen Bildungsstätten statt.

Der Bruch von Tabus scheint dabei für die Neo-Christen besonders wichtig zu sein, verschafft er ihnen doch jedesmal von neuem die Gelegenheit, ihre unmittelbare Nähe zu Weltproblemen unter Beweis zu stellen. Gemeinsam mit ihren Bündnispartnern entwerfen sie Strategien, um gegen irdisches Leid vorzugehen. Dabei führt sie ihr Weltschutzeifer nicht selten zu einer Diskriminierung »real existierender« Leidender, die eine regelrechte Abschreckungsfunktion erhalten.

Diese Kranken und Leidenden machen die Weltbedrohung sichtbar und leisten so ihren Beitrag, daß noch mehr Christen und Unchristen die Gefahren für den Planeten erkennen und sich aktiv für Gottes Schöpfung einsetzen.

Dem Leidenden scheint ja, stellvertretend für die anderen Menschen, eine besonders schwere Bürde auferlegt zu sein. Allerdings bedeutet dies in traditionell christlicher Sicht erst einmal sogar eine Überhöhung des Leidens.

In positiver christlicher Leidensauslegung konnte sich der »Mühselige und Beladene« geehrt fühlen: Gott hatte ihm bei seinem Schöpfungsplan eine »sehr anspruchsvolle« Aufgabe zugeteilt und damit sein besonderes Vertrauen zum Ausdruck gebracht. Daher durfte das Lebensrecht von Leidenden und Behinderten formal nicht angetastet werden. Sie waren schwer geprüfte Menschen, denen christliche Fürsorge zuteil werden sollte.

Einen bedenklichen Gegensatz dazu bildet jedoch die Wunder-Verehrung im Neuen Testament, die oft die Form der Heilung von Gebrechen hatte und zeigte, daß auch der Herr gesund denkt und gesund handelt. Indem er die »geringsten seiner Brüder« normalisierte, vermittelte er, daß auch für ihn das gesunde Leben das eigentlich normale war. So bestätig-

ten Wunder augenscheinlich auch die »Heiligkeit« der Normalität. Wieviele aufrechte Christenmenschen mögen durch die Jahrhunderte die Existenz von Kranken, Gebrechlichen, Siechen, Entstellten als Kränkung ihrer Gottesebenbildlichkeit empfunden haben, zumindest aber als Versinnbildlichung von Strafe und Schande.
Daß es sich bei Behinderten offensichtlich doch nicht um Teile des »göttlichen« Planes handelte, bewies der Herr ja selber, indem er sie bald auf die eine oder andere Art erlöste. Konnte man dies nicht durchaus als Signal verstehen, sich nicht mit ihnen abzufinden, sondern gegen sie vorzugehen? Einem göttlichen Auftrag, dem sich zunehmend Neo-Christen verpflichtet fühlen, da sie im Gegensatz zu den orthodoxen Christen aktiv die Welt verändern wollen. Hier liegt der gefährliche Keim eines christlich legitimierten Normalitäts- und Gesundheitskults.
Abfinden mit Leiden und Behinderung konnten sich daher auch und gerade die Linken nicht. In ihrer Daseinsverpflichtung und aufgrund ihres politischen Bewußtseins entlarvten sie Leid als Folge gesellschaftlicher Mißstände, die es zu bekämpfen galt. Langfristig – so ihre romantischen Prognosen – wird durch den sozialen und dem damit verbundenen technischen Fortschritt alles Leiden besiegt. Schon dadurch erscheint der »trotzdem noch« existierende Behinderte in einem strukturell negativen Blick.

Ärzte-Ethik

Bei der Durchsetzung der Euthanasieethik werfen sich meist Philosophen und Ärzte gegenseitig die Bälle zu. Die Ideologie der Euthanasieärzte ist nicht loszulösen von dem allgemeinen Gedankengut der Ärzteschaft.
Ärzte waren tendenziell immer Hüter von Normalität. Und

die Anpassung verlief und verläuft gelegentlich äußerst brutal. Etwa bei der Apparatemedizin. Dort werden behinderte Kinder in Gestänge gepreßt, um die Normalität des aufrechten Standes zu erfüllen. Obwohl sie im Rollstuhl häufig beweglicher sind, spielt dies für viele Ärzte keine Rolle.

Optimistisch wird häufig erklärt, die deutsche Ärzteschaft hätte aus den Erfahrungen mit der Euthanasie im NS-Staat gelernt. Woher dieser Optimismus abgeleitet wird, ist mir schleierhaft. So veröffentlichte das deutsche Ärzteblatt 1990 unkommentiert und unkritisiert einen Beitrag von Peter Singers engster Mitarbeiterin Helga Kuhse unter der Deckblattüberschrift »Euthanasie weltweit in der Diskussion«.[88] Ausführlich erläutert die Autorin, warum aus ihrer Sicht »Fragen der aktiven und passiven Euthanasie auch in Deutschland unvermeidlich sind«.[89] Kuhse bezeichnet in diesem Artikel Euthanasiegegner innerhalb der Ärzteschaft als »Folterknechte«.[90]

Ärztetag Mai 1990, mit knapper Mehrheit beschließt der deutsche Ärztetag die ärztliche Schweigepflicht zu lockern - »zum Zwecke der wissenschaftlichen Forschung und Lehre«.[91]

Was die Forschung am Patienten betrifft, gibt es im Rahmen des Erfolgsbedürfnisses von Ärzten seit längerem Strategien. Nachzulesen im Diskussionsorgan der neuen Ethiker, der Zeitschrift »ETHIK in der MEDIZIN«. Dort bedauern der Berliner Prof. Dr. H. Helmchen von der Psychiatrischen Klinik und Poliklinik der Freien Universität Berlin und zwei weitere Autoren – an der gängigen Angst vor Krankheit ansetzend – Forschungsprobleme. »Dementielle Erkrankungen sind im Alter häufig und nehmen weiter zu. Sie haben erhebliche Auswirkungen auf den Kranken selbst, seine Verwandten und die Gesellschaft. Eine wirksame oder gar kausale Behandlung gibt es bisher jedoch nicht. Damit ist ein zwingender Bedarf an Demenzfor-

schung, insbesondere mit erkrankten Patienten, begründet. Aber die notwendige Einwilligung nach Aufklärung kann von dem Kranken oft nicht gegeben werden, weil der dementielle Krankheitsprozeß seine Einwilligungsfähigkeit oft reduziert oder schließlich sogar zerstört.«[92] Als Lösung und zur Förderung der wissenschaftlichen Lehre favorisierten die Verfasser in Anlehnung an normale »Vormundschaft« die Einführung eines »Forschungsbetreuers«.[93] Allerdings wird dabei berechtigte Kritik an der begleitenden Praxis von Vormundschaften benutzt, um eigenes geplantes Handeln gegen mögliche Vorwürfe der Unseriösität schon im voraus abzusichern. »D.h., die jetzt bestehende Praxis, über die Einrichtung einer Pflegschaft andere Behörden, wie etwa den Polizeipräsidenten oder das Gewerbeaufsichtsamt, unter Bezug auf die ›Mitteilung in Zivilsachen‹ (MiZi) zu informieren, müßte wegen ihres möglicherweise sozial schädlichen bzw. diskriminierenden Charakters ebenfalls für alle Pflegschaften, mit Sicherheit aber für eine ›Forschungspflegschaft‹, beendet werden.«[94] Als Entscheidungsgremium für die Vormundschaftsgerichte werden die jetzt schon von den neuen Ethikern propagierten Ethikkommissionen empfohlen. »Das zuständige Vormundschaftsgericht wäre bei Einrichtung solcher ›Forschungspflegschaften‹ ganz sicher auf kompetente Begutachtung angewiesen, die es z.B. von der zuständigen Ethikkommission einholen könnte.«[95] Daß sich Ethikkommissionen langfristig durchsetzen, scheint bei diesen Überlegungen selbstverständlich.
Um den Erfolg von Forschungspflegschaften nicht zu gefährden, wird an eine behutsame, schrittweise Öffentlichkeitsarbeit gedacht. Dazu einige Zitate, wie die Benutzung von Kranken und Behinderten (hier Altersdemenz) als Forschungsobjekte in der Öffentlichkeit durchgesetzt werden sollen:

– »Entsprechende Reformanliegen sind nur realisierbar,

wenn auch die Öffentlichkeit von ihrer Notwendigkeit überzeugt werden kann. Es ist daher noch einmal die unbedingte Notwendigkeit zu unterstreichen, daß an diesem Problemgebiet interessierte Forscher Fachinformationen in die öffentliche Diskussion bringen. Diese sollten den Umfang des Forschungsbedarfs ebenso deutlich darlegen wie lohnend zu verfolgende Forschungsziele.«[96]

– »Voraussetzung für eine qualitativ fundierte öffentliche Diskussion ist selbstverständlich, daß diese Fragen erst einmal innerhalb der Fachöffentlichkeit (Ärzte, medizinisches Hilfspersonal, Ethikkommissionen, Medizinstudenten, Medizinjournalisten) ausreichend abgeklärt sind, damit diese dann als Mediator für die Medizin wirksam werden kann. In einem zweiten Schritt wäre die Fachdiskussion auf Juristen und Politiker zu erweitern, da dies die Gruppen sind, die notwendige Weiterentwicklung von Gesetzen auf legislativer und judikativer Ebene bewerkstelligen müssen.«[97]

Tschernobyl

Was die Bedrohung unseres Lebens betrifft, so wird der Atomreaktorunfall von Tschernobyl in der Sowjetunion noch lange ein historisches Datum bleiben. Der Reaktorunfall hat die Infragestellung des Existenzrechts von behindertem Leben beschleunigt. Aus berechtigter Angst vor Schädigungen griff man auf sonst verpöhnte Konservennahrung zurück. Die Presse konnte sich nicht mehr satt berichten von drohenden Langzeitschäden. Tschernobyl hatte einen großen Fehler. Es gab im Verhältnis zu der Gefährlichkeit der Atomkraft zu wenig sichtbare Tote. Jeder anständige Flugzeugabsturz bot mehr Möglichkeiten zu spektakulären Todesfotos als der Supergau. Zum Ausgleich der zu geringen Todesquote mußte verstärkt auf Aufklärung gesetzt werden.

Anfangs relativ erfolgreich. Spontane Ängste konnten bis zur Hysterie gesteigert werden. Dieser Erfolg verführte zu der Fehleinschätzung, der Gau ließe sich hervorragend dazu nutzen, sich nun endgültig von der Atomkraft zu verabschieden. So gesehen schien der Unfall schon wieder etwas Positives zu haben. Wie heißt der berühmte Satz von Hans Jonas? »Ich hoffe, daß eine Serie von kleinen Katastrophen uns noch so rechtzeitig zur Vernunft bringt, daß wir vor der großen Katastrophe bewahrt werden.«[99] Die Katastrophe wird im Namen des Prinzips Verantwortung als Hoffnung uminterpretiert. Es wurden aber nicht nur berechtigte Ängste und Empörung geschürt, durch Tschernobyl wurde ein rigider Gesundheitsbegriff sowie die Verachtung von Krankheit und Behinderung endgültig von dem überwiegenden Teil der Bevölkerung abgesegnet.
Der Zwang zur vorgeburtlichen Aussonderung verfestigte sich zur moralischen gesamtgesellschaftlichen Verhaltensanweisung. Äußerst positive Auswirkungen hatte der Reaktorunfall auch für die Zunft der Humangenetiker. Die sonst in alternativen Kreisen arg kritisierten Wissenschaftler wurden nun zu weisen Gelehrten. Immer wieder warteten sie mit neuen Gefahrenvermutungen auf. Im Gegensatz zu der Vor-Tschernobyl-Zeit wurde nun ihren brisanten Meldungen bedingungslos vertraut und danach gehandelt. Massenweise pilgerten damals auch alternative Schwangere zu den humangenetischen Beratungsstellen. Bei dem geringsten Normalitätsrisiko für ihren Nachwuchs sahen sie sich dann zur vorgeburtlichen Aussonderung genötigt.
Eine der brisantesten Meldungen, mit denen uns die Humangenetiker beglückten, war die Aussage von der Zunahme von »Mißbildungen«. Ein Berliner Wissenschaftler[100] hatte bei seiner Fahndung nach Normabweichlern einige mongoloide Menschen mehr als üblich entdeckt. Diese Erkenntnis eignete sich dann hervorragend zu Presseschlagzei-

len. »Mißgeburten drohen«, hieß die brisante Notstandsmeldung.
Mit gespielter Naivität wurde ich schon mehrmals gefragt: Dürfen wir denn deiner Meinung nach jetzt nicht mehr vor den Gefahren der Atomkraft warnen? Weit wichtiger wäre die Frage, wie kann vor Schädigung gewarnt werden, ohne Geschädigte zu verachten. Daß dies möglich ist, möchte ich an der brisanten »Mißgeburtenmeldung« aufzeigen. Hier wurden neugeborene behinderte Menschen als »Mißgeburt« denunziert. Lächerlich ist, wenn etwa zehn behinderte Neugeborene mehr als der Durchschnitt schon als Bedrohung für die nicht ganz arme Bundesrepublik betrachtet werden. Vorausgesetzt, die Nachricht würde der Wahrheit entsprechen, wie könnte eine humane Meldung aussehen, die sich positiv für die Daseinsberechtigung Behinderter ausspricht und die Gefahren der Kernkraft nicht ignoriert. Vielleicht so? – »Durch den Reaktorunfall sind mehrere behinderte Säuglinge geboren worden, dies zeigt noch einmal die rücksichtslosen Angriffe der Kernenergie in bestehendes und werdendes Leben. Angesichts dieser Bedrohung können wir froh sein, daß die Kinder behindert und nicht tot geboren worden sind.« Eine Argumentation, die weniger angstspektakulär ist, sich im Gegensatz zu der Mißbildungsdrohung jedoch positiv für die Lebensberechtigung von Krüppeln ausspräche. Doch wer hätte nach Tschernobyl eigentlich noch gewagt, letzteres öffentlich zu äußern?
Statt dessen zierten Zitate des großen Menschenfreundes Albert Schweitzer Berliner Häuserwände, welche man im Interesse seines humanen Images wohl besser in der Schublade gelassen hätte. Eines dieser Zitate lautet: »Nur Leute, die nie dabei waren, wenn eine Mißgeburt ins Dasein trat, nie ihr Wimmern hörten, nie Zeugen des Entsetzens der armen Mutter waren, Leute, die kein Herz haben, vermögen den Wahnsinn der Atomspaltung zu befürworten.« Viel deutli-

cher jedoch wurden die Frauen. Schon kurz nach Tschernobyl warnte die Zeitschrift »Emma«, am Verantwortungsbewußtsein ihrer Leserinnen zweifelnd, durch die zeichnerische Darstellung von Behinderten als Restrisikomonster vor behinderten Kindern.[101] Diese Karikatur läßt vermuten, daß in Zeiten von aktueller Bedrohung sogar den Feministinnen ein gesunder Junge lieber als eine verkrüppelte Schwester ist. Die Verschleierung des Absolutheitsanspruches auf ein gesundes Kind liest sich im »Stern« 1987 folgendermaßen: »Annegret May hatte alles für das Kind getan, das sie erwartete. Sie rauchte nicht, trank keinen Alkohol und nahm auch keine Tabletten. Sie wußte um die Risiken für das Ungeborene. Zur Sicherheit ließ die 34jährige Lehrerin aus Duisburg in der 16. Schwangerschaftswoche eine Fruchtwasseruntersuchung vornehmen. Sie wollte ausschließen, daß sie ein erbgeschädigtes Kind zur Welt bringt.«[102] Damit wird fast unbemerkt die Vermeidung einer Schädigung sowie die Beseitigung der Opfer auf eine Ebene gestellt, denn sie hat alles für ein *gesundes* Kind getan.

Eine Aktion

Mit einem Schild um den Hals protestierte ich gegen derartige Ungeheuerlichkeiten. Ich wollte mit meiner Aktion die Konsequenzen all dieser behindertenfeindlichen Aussagen verdeutlichen. Auf meinem Aktionsschild stand klar und unmißverständlich geschrieben: »ES GIBT ENTSETZLICHERES ALS DEN STRAHLENTOD, NÄMLICH MICH.« Zu meiner Verblüffung wurde ich verschiedentlich angesprochen und gefragt, ob denn die »Milch« wirklich so gefährlich sei. Sie wollten die Konsequenz der Verachtung nicht wahrnehmen und flüchteten sich gedanklich in das Problem der überhöhten Radioaktivität der Milch. Den nicht vorhandenen Buchstaben »l« hatte das Unterbewußtsein hinzugefügt.

Die Öffentlichkeit und die Behinderten

Verachtung durch Sprache – Zum Beispiel Theweleit

Neuerdings auch in »linken« humoristischen Kreisen hat sich eine neue sportliche Denkdisziplin entwickelt: Wer reißt die besten Kohl-Witze? Man hält es z. B. für besonders gelungen, Kohl als Behinderten (»Schwer versehrte Kohligianer«) darzustellen. Zum Ausdruck kommt, für wie lächerlich man die Existenz eines unfreiwillig (!) Behinderten hält. Wurden früher nicht selten Tiere zur metaphorischen Charakterisierung des politischen Gegners benutzt, so ist seit einiger Zeit der (am besten mehrfach) Behinderte eine gängige Metapher geworden. War es z. B. in der Nachkriegszeit angesichts von Millionen von Kriegskrüppeln nicht ungestraft möglich, einen Politiker als »einarmigen Banditen« zu bezeichnen, so ist es heute, im Zeitalter der Versöhnung zwischen Mensch und Tier, offensichtlich gelungen, Schweine-, Affen- oder Elefantenkarikaturen für Politiker zu diskreditieren ... Im Gegensatz zum Thema Juden/Antisemitismus, wo zu Recht eine gewisse sprachliche Empfindsamkeit erkennbar ist, herrscht in bezug auf sprachliche Verachtung Behinderter beinahe totale Abgestumpftheit. Ein Motiv für die sprachliche Verrohung ist offenbar der verstärkte Drang zur geckenhaften »Schreibe«. So schrieb z. B. der als fortschrittlich geltende Autor Klaus Theweleit über die Skandalrede des ehemaligen Bundestagspräsidenten Jenninger 1989 in der Sonderausgabe »10 Jahre Tageszeitung«: »Da stand ›es‹ nun (so etwas wie eine wundersame Spätgeburt aus SS-Experimenten am ›deutschen Mann‹), er, körperlich ein Klotz, mäßig entwickelte Roboterbeweglichkeit in einem blauen Maßanzug, Brillenimitat vorm Glasauge, bloß die Lippen sind noch nicht recht belebt, er kaut und gurgelt die Wörter wie ein überfordertes Kind, ein behinderter Deutscher. ... Weizsäcker, Ehmke, sie alle versuchen mit der Hand ihr Gesicht zu bedecken, weil sie es sehen, weil es diesmal unabsehbar ist, an welche Menschenfigur sie selber grenzen, die personalisierte Art der deutschen Auschwitzbewältigung, das ist eine Leerstelle im blauen Anzug, eine Nichtperson, ein Sprechautomat, der ist der Präsident ihrer Versammlung.«[104]

Ähnlich wie Weizsäcker und Ehmke versuchten, mit der Hand ihr Gesicht zu bedecken, schlug ich mir mit den Händen an meinen Kopf. Der Schreiber gehört dem Teil des linken Spektrums an, dem ich mich bis vor kurzem noch verbunden fühlte. Zeugt es nicht von einem besonderen Mangel an politischer Feinfühligkeit, gerade die Kritik an dem Mißlingen einer Besinnungsstunde zur Judenvernichtung in derart entmenschlichender Form zu führen? Man kann über Jenninger denken was man will, ihn jedoch als ein Ergebnis von SS-Experimenten zu bezeichnen, ist menschenverachtend, verharmlost außerdem die grausamen SS-Experimente und zeugt von einer würdelosen Einschätzung von toten und überlebenden Opfern dieser Experimente.

Weiterhin benutzt Theweleit körperliche Intaktheit als Metapher für den Grad moralischer Identität. Wie anders könnte man es verstehen, wenn er Bewegungseinschränkung, die er »mäßig entwickelte Roboterbeweglichkeit« nennt, mit moralischem Versagen gleichsetzt? Schließlich muß auch noch ein Glasauge als negative Metapher herhalten. Zusammenfassend erklärt er dann Jenninger zum behinderten Deutschen und diesen zur Nichtperson. Ein wahrhaft gelungenes Beispiel für linke Auschwitzbewältigung.

Weshalb scheinen sich, besonders in aufgeschlossenen Kreisen, Behinderte zur Darstellung von moralischem, intellektuellem und politischem Versagen so hervorragend für Versager zu eignen? Warum werden nicht z.B. Türken als Sinnbild für Versager benutzt? Klar, weil die »Aufgeschlossenen« die Verachtung von Ausländern ablehnen. Im Falle von Behinderten ist das offensichtlich grundlegend anders; gegen die – viel zu seltene – Kritik an der Benutzung Behinderter zur Darstellung menschlichen Fehlverhaltens verteidigt man sich mit der Spitzfindigkeit, es handle sich dabei nicht um Behinderte konkret, sondern lediglich um eine Metapher. Eine Erklärung, die man, würde sie in bezug auf Ausländer angewandt, zu Recht angreifen würde.

Auf der Grundlage der verallgemeinerten Freude über die eigene Nichtbehinderung wird Sprachkritik als kleinlich abgetan. Selbst Worte wie »Mißgeburt« als Bezeichnung für einen schwerbehinderten Säugling sind wieder möglich, ungeachtet der Tatsache, daß es sich bei diesem Begriff um ein Lieblingswort Adolf Hitlers handelte, dessen Bedeutung er in »Mein Kampf« als ein »Mittelding zwischen Mensch und Tier« beschrieb.

Vor einiger Zeit noch hätte ich an dieser Stelle mit Sicherheit geschrieben, daß jemand, der das Wort Mißgeburt im Munde führt, ein »Unmensch« sei. Angesichts der gegenwärtigen Entwertung von Menschen durch den Gebrauch solcher Metaphern vermeide ich das Wort heute – womit meine Verachtung gegenüber Herrn Hitler nicht geringer geworden ist.

Sprachliche Entwürdigung von Behinderten ist nichts Neues. Sie hat aber in den letzten Jahren extrem zugenommen und gilt, quer durch alle gesellschaftspolitischen Gruppen, als selbstverständlich. Die Gründe sind vielfältig. In einer Zeit, in der absolute Gesundheitssehnsüchte zur Norm erklärt werden, wird Behinderung mit Versagen, werden Behinderte mit Versagern gleichgesetzt. So mag es für zeitgeistige Autoren nur folgerichtig sein, politisches Versagen durch körperliche oder geistige Behinderung darzustellen.

Außerdem werden die Ressourcen an verfügbaren Metaphern aus anderen Bereichen zusehends knapper: Frauen, Ausländer, ja sogar alte Menschen haben eine enorme sprachliche Sensibilität entwickelt und setzen sich massiv gegen Verunglimpfungen zur Wehr. Also weicht man auf die Behinderten als schwächste gesellschaftliche Gruppe aus.

Böse Menschen haben eigene Lieder – Die bots

Ob die Friedensbewegung es je geschafft hat oder je schaffen wird, den Frieden zwischen den Völkern sicherer zu machen, sei dahingestellt. Was ihr aber gelang, zumindest einem Teil, war ein Feldzug gegen Behinderte, denen die Rolle des abschreckenden Beispiels zuerkannt wurde. Beispiele musikalischer Art hierfür gab die holländische Musikgruppe »bots«, damals eine der beliebtesten Gesangsgruppen der Friedensfreunde. Vor dem Hintergrund der Anfang der 80er Jahre rapide steigenden Arbeitslosigkeit ergänzten sie ihr musikalisches Friedensrepertoire durch ein Lied, das das Schicksal eines Arbeitslosen darstellt. In dessen Rolle schlüpfend, sangen sie: »Verdammt, ich bin doch kein Krüppel, der es nicht versteht, wer gewinnt und wer bezahlt.« Außer einigen wenigen Krüppeln protestierte niemand. Hunderttausende Friedensbewegte beklatschten dieses Lied, das uns Behinderten Wertlosigkeit unterstellt. Hunderttausende friedfertige Musikliebhaber kauften diese Platte und verhalfen dadurch dieser aufgeweckten Musiktruppe zu einem Millionenhit.
Zum Vergleich: Wenn auf einem deutsch-nationalen Arbeitslosentreffen gesungen würde: »Verdammt, ich bin doch kein Türke, ich bin doch auch was wert« – es würde sicherlich von vielen Seiten, auch den nicht-türkischen, Proteste hageln, der Vorwurf des Rassismus wäre laut zu vernehmen.

Auch käme wohl eine Musikgruppe, die so offensiv und unmißverständlich Ausländer verachtet, nicht wie die »bots« zu dem Privileg, daß Demokraten wie Dieter Hildebrand, Günter Wallraff und Hans Dieter Hüsch für sie ein Lied mit dem Titel »Entrüstet euch« texteten und diese damit aufwerteten.

Ein »witziger« Schlagertext – Erste Allgemeine Verunsicherung

Jede Katastrophe braucht ihren Ohrwurm. Nach diesem Motto produzierte die österreichische Klamaukgruppe »Erste Allgemeine Verunsicherung« ein Tschernobyl-Lied. Verspottet wird das Leben von Burli, einer »Mißgeburt«: »ES GEHT DIE ZEIT; DER BURLI NICHT. ER SITZT NUR STILL AM SCHAMMERL (Hocker) MIT SEI'M WASSERKOPF UND SPIELT MIT SEI'M SCHWAMMERL (Penis).« Der Burli führt dem Lied nach kein echtes Leben, ist jedoch trotzdem zu gebrauchen: »AM ABEND NIMMT DIE MAMA IHREN MUTANTEN-WASTL UND STELLT IHN BEIM BETT DORT AUF DAS KASTL ... DAS GELD WIRD IMMER KNAPPER, DOCH ES FROHLOCKT DER PAPA, WEIL ER DEN HALBEN STROM NUR ZAHLT, SEIT DER BUB ALS NACHTTISCHLAMPERL STRAHLT.«
Entsprechend dem üblichen Bild von Behinderten stellt die Gesangstruppe weiter fest: »EINE FRAU ZU FINDEN, DAS IST SCHWER.« Wenigstens hier schien der Verspottete überraschenderweise Glück gehabt zu haben: »DOCH DES NACHBARS TOCHTER, DIE AMALIA, DIE GLEICHT DEM BURLI FAST AUFS HAAR! (DAS ZIEMLICH SCHÜTTER WAR...) AUCH SIE HAT EINIGES ZUVIEL, ALS ANDENKEN AN TSCHER-

NOBYL. AUF GEHT ES ZUM TRAUALTAR, MEINER SEEL – EIN SCHÖNES PAAR!«
Wie üblich blieben wahrnehmbare Proteste gegen dieses Lied aus. Nur der Bayerische Rundfunk äußerte Bedenken, begründete sie mit der Verletzung der Persönlichkeit von Behinderten; erlaubte sich, dieses Lied in seinen Programmen nicht zu senden. Dies war Anlaß für einen Teil des fortschrittlichen Spektrums, sich als unerschrockene Demokraten aufzublähen. So etwa die damalige SPD-Zeitschrift »Vorwärts«. Da der Bayerische Rundfunk des öfteren Anlaß zu Mißtrauen gab, war es relativ einfach, die offizielle Begründung zu ignorieren und von Zensur zu sprechen. Die Folgen von Tschernobyl, so hieß es, sollten verdrängt werden.

Aus Solidarität mit der Gruppe und als Erwiderung auf die bayerische »Zensur« spielten andere Rundfunkanstalten den Song mehr als üblich. Denn wie es in der liberalen Medienöffentlichkeit möglich sein muß, über alles zu diskutieren, so soll auch über alles gesungen werden dürfen.

Als gäbe es für die Medienverantwortlichen kein Recht mehr, sich diffamierenden Geschmacklosigkeiten zu verweigern, wird eine Art Sendezwang zur einzigen Möglichkeit, sich nicht den Vorwurf der Zensur einzuhandeln. Hauptzielscheibe der Kritik war der konservative Hörfunkdirektor des Bayerischen Rundfunks Reuter. Herr Reuter ist behindert, was kein Privileg ist. Doch darf ein konservativer Behinderter nicht das Recht auf persönliche Verletztheit haben?

Ein Kinderbuch

Vor zwei Jahren gab es einen kulturpolitischen Streit um den deutschen Jugendbuchpreis. Anlaß war die anfängliche Weigerung der ehemaligen Familienministerin Rita Süssmuth, die im liberalen Spektrum beliebte Friedens- und Ökologieschriftstellerin Gudrun Pausewang mit dem deutschen Jugendbuchpreis zu ehren. Die politisch-ökologische Öffentlichkeit empfand diese Weigerung beinahe als Skandal, zumindest als Brüskierung der Friedens- und Ökologiebewegung. Entschieden setzte sich diese Bewegung dafür ein, daß ihre Autorin, von Preisen schon überhäuft, noch einen weiteren erhielt. Besonders machte sich die durch ihre Öko-Volkstümelei beliebte (Realo-)Grüne Bundestagsabgeordnete Waltraut Schoppe für die »diskriminierte« Autorin stark. Zu meinem Bedauern gab Frau Süssmuth bei dem Preis-Konflikt nach, was ich ihr nicht verzeihen werde.

In einem ihrer Bücher[105] beschäftigt sich die Autorin mit den Folgen eines Atomkriegs am Beispiel eines hessischen Dorfes. In ihrer Beschreibung sind nahezu alle Elemente des modernen »tödlichen« Zeitgeists enthalten. Da bettelt etwa ein Behinderter den nichtbehinderten Helden des Buches um Sterbehilfe an. Nach einer Phase des Überlegens entschließt sich der »Ich-Erzähler« zur »Hilfe zur Selbsttötung«. Der Held tötet den Behinderten, was in dem Kinder- und Jugendbuch detailliert beschrieben wird: »Er (gemeint ist der Behinderte) zog den Strick und hob ihn hoch. Es war ein langer Strick. Es mußte viel Zeit gekostet haben, ihn zu reißen und zu flechten. Ich warf ihn über den Ast und gab Andreas die beiden Enden.«[106] Nach der Schilderung der Tat wird dem Leser geschickt die Abwertung von Behinderten suggeriert. Der Erzähler berichtet weiter: »Ich lege Andreas in den Wagen. Er war ja nicht schwer, so mager und ohne Beine. Ich schob den Wagen bis in den Wald auf der anderen Seite der Stadt. Unterwegs traf ich die Frau Kernmeyer. Sie war mit Holz beladen. Sie fragte mich, was ich im Wagen habe. Ich sagte, es sei Müll. Gott sei Dank schaute sie nicht unter das Dach. Dann hätte sie mich sicher gefragt, warum ich mir um einen fremden Toten so eine Mühe machte.«[107] Sicher gibt es genügend Nichtbehinderte, die mir in ihrem Rechtfertigungsdrang bei meiner Kritik an dieser Passage Überempfindlichkeit und Überinterpretation unterstellen. Sie werden das Wort Müll als »nur so einen Ausdruck« werten. Ich jedoch vermag nicht an einen derart inhaltslosen Gebrauch von Sprache zu glauben. Dies kann meines Erachtens nur jemand, der *andere Passagen des Buches* konsequent verdrängt, um Schuld zur Unschuld zu erklären.

Auch über die Tötung von behinderten Neugeborenen wird in dem Buch berichtet: Der Held bekommt ein Schwesterlein. Zuerst schildert er normales Glücksempfinden: »Das Kind wurde in der Nacht geboren ... jedesmal, wenn es quäkte oder sich bewegte, wurde mir warm vor Glück. Ich war voll Zärtlichkeit, ich wollte alles tun, damit es überlebte. Für dieses winzige, hilflose Kind, das in ein solches Elend hineingeboren war und nie die gute alte Zeit kennengelernt hatte, wollte ich betteln und stehlen und plündern, wenn es sein mußte!«[109] Eine entschlossene normale Geschwistersolidarität also. Doch als der Ich-Erzähler seine Schwester betrachtet, erschrickt er. Sein Entsetzen schildert er wie folgt: »Ich konnte nicht schreien. Ich saß ganz steif. Meine kleine Schwester Jessica Marta hatte keine Augen... Mich lähmte ein solches Grauen... Da lag es nackt und blutig, und ich sah, daß es nur Stummelarme besaß.«[110] Anschließend wird sympathieträchtig die Tötung von Behinderten propagiert. Bevor der Vater seine Tochter tötet, fragt er einfühlsam seinen Sohn: »Was ist wohl barmherziger?«[111]

Wenn bezüglich der Auftritte des australischen Euthanasiepropagandisten Singer von einem Aufruf zum Mord geredet wird,[112] dann trifft dies auch auf eine Gudrun Pausewang zu. Nur wurde ihre friedensbewegte Posititon von großen Teilen der Bevölkerung widerspruchslos hingenommen. Im Vordergrund stand ja der Widerstand gegen die Atomkraft,

und da ist es schon egal, welche tödlichen Inhalte nebenbei noch transportiert werden.
Um Popularität sicherzustellen, schreckt unsere Preisträgerin nicht davor zurück, bei unserem Bundeskanzler geistigen Diebstahl zu begehen. Seine vielerorts belächelte Aussage von der »Gnade der späten Geburt« integriert sie in das Buch: Nachdem sich die Schewenborner soweit wie möglich mit den Folgen eines Atomkrieges arrangiert haben, wird zuerst das wiederaufgebaut, was für die »intellektuelle Menschheit« am wichtigsten ist, nämlich eine Schule. Nach einiger Zeit muß der siebzehnjährige Held anstelle seines Vaters den Schulbetrieb übernehmen; denn ihm vertrauen die Schulkinder. Der Grund des Vertrauens: Der Held war zum Zeitpunkt des Bombenabwurfes noch nicht erwachsen. Hier ist sie also, die Gnade der späten Geburt.
Zurück zur literarischen Verachtung: In Schewenborn haben sich die Überlebenden umgestellt. Doch gibt es wenig Anlaß zur Freude; denn, so die »bittere« Folge der Bombe: »Von den Neugeborenen in und um Schewenborn ist kaum eines normal. Fast alle, die überhaupt lebend zur Welt kamen, sind verkrüppelt oder blind, taubstumm oder blöde. Sie zerstören alle Hoffnung. Denn so sehr sich die Schewenborner auch anstrengen zu überleben, sie werden doch aussterben.«[113] Behinderung und damit Behinderte werden mit Hoffnungslosigkeit gleichgesetzt und selbstverständlich in die Nähe des Todes gerückt.

Auf die Kritik an einer solchen Art von Literatur wird z. B. in einer ZEIT-Anzeige[114] erwidert, es sei nicht richtig, Kinder und Jugendliche vor der Realität zu schonen. Eine Aussage, bei der sicher viele Öko- und Friedensköpfe zustimmend nicken werden. Doch was bedeutet diese Aussage im Hinblick auf das Buch? Welches Wahrnehmungsvermögen besitzen diese Menschen überhaupt noch, wenn sie die Koppelung von Zukunfts- und Gewaltphantasien einer Frau Pausewang zu Realität erklären.

Ganz »realitätsbezogen« machte das Buch Schule, und zwar im wahrsten Sinne des Wortes. Es ist in fast sämtlichen Jugendfreizeitheimen und als fortschrittlich geltenden christlichen Bildungseinrichtungen zu finden. In Nordrhein-Westfalen wird es im Bereich Friedenspädagogik sogar im Schulunterricht eingesetzt. Das Buch scheint es kritischen Ökopädagogen angetan zu haben. So gibt es mittlerweile, für Pädagogen aufbereitet, schon ein Buch über das Buch mit dem Titel »Ein Buch macht Schule«.[115] Besonders gelungene Unterrichtseinheiten im Rahmen von Friedenspädagogik werden darin vorgestellt. Zeichnerisch stellen sich die Kinder die Folgen eines Atomkrieges vor. In tragischer Realitätsbezogenheit an den Wertvorstellungen erwachsener Abschreckungspädagogen orientiert, bringen sie erhängte Behinderte zu Papier. Ich begreife, was diese Friedenspädagogik bedeutet: Schon früh wird den Kindern die gängige Behindertenpädagogik eingebleut.

Auf dem Höhepunkt der Euthanasie-Auseinandersetzung wurde die nordrhein-westfälische Wissenschaftsministerin von Protestierenden aufgefordert, sie möge doch bitte überprüfen, inwieweit es mit einem demokratischen Wissenschaftsbetrieb vereinbar ist, Vorlesungen zu inszenieren, in denen etwa die Frage gestellt wird: »Haben schwerstbehinderte Neugeborene ein Recht auf Leben?«[116] Ferner wurde die Frage nach der demokratischen Gesinnung solcher Hochschullehrer aufgeworfen.

Doch muß festgestellt werden, daß auch das Buch von Gudrun Pausewang nichts anderes als eine Mordlegitimation darstellt und daher im Unterricht nichts zu suchen haben dürfte. Etwas mehr Konsequenz könnte hier nicht schaden.

Dasselbe scheint nicht Dasselbe zu sein. Es muß dafür gefochten werden, daß dasselbe wieder dasselbe wird.

»Zuflucht Zyankali« – Ein »gut gemeintes« Fernsehfeature

Am 21. Januar 1990 strahlte die ARD in der Serie »Gott und die Welt« einen Beitrag mit dem Titel »Zuflucht Zyankali« aus. Einer der beiden Autoren war Ernst Klee. Die Sendung war ein Versuch, sich kritisch mit den Praktiken von Hans Henning Atrott, dem Präsidenten der »Deutschen Gesellschaft für Humanes Sterben« auseinanderzusetzen. Durch eine Flugkarte sollten Querverbindungen von Atrotts Gesellschaft zu Helga Kuhse, einer stark mit dem australischen Euthanasiepropagandisten P. Singer zusammenarbeitenden Wissenschaftlerin, nachgewiesen werden.

Immer wieder warfen die Autoren die Frage auf: »War Atrott der Zyankalibeschaffer«? Untermalt von Bildern deutscher Bahnhöfe stellten beide Journalisten resignierend fest, daß Atrott nichts zu beweisen sei. Es gebe nur Vermutungen.

Schließlich stellten die Autoren Atrott als »guten« Geschäftsmann hin. Wenigstens einmal sollten dem Zuschauer die unseriösen Praktiken dieses Herrn vermittelt werden.

Inhaltlich wurde die Ideologie der Sterbehilfe nur am Rande angegriffen – es ging um die Frage von schmutzigen Geschäften. Daher stellte die Sendung bei genauerer Betrachtung eigentlich die Frage: Brauchen wir eine seriöse Sterbehilfe? In einem Interview mit Atrott sollte dann doch noch Atrotts gemeingefährlicher Radikalismus dargestellt werden, der sich dadurch äußerte, daß er die Lebenswelt einiger Behinderter mit einem KZ verglich.

Dieser Aussage wurden von allen Autoren mit guter Absicht

Bilder von Behinderten entgegengesetzt, die von »echter Lebensfreude« erfüllt sind: Behinderte, Jugendliche und Erwachsene spielen in einem Rehabilitationszentrum mit großen bunten Bällen. Die Daseinsberechtigung Behinderter ist für die beiden »Lebensfreude-Experten« augenscheinlich nur noch über drollige Bällchenspiele mediengerecht vermittelbar.

Da es bei der Tötungshilfe nicht nur um Behinderte, sondern auch um Kranke geht, stellen die Autoren eine schockierende Frage: Sie wollen wissen, wie mit denjenigen umgegangen wird, deren Selbstmordversuche scheitern und die dann als Behinderte leben müssen.

Hier wird, um Nachdenklichkeit zu erzeugen, dann doch wieder mit dem Schrecken der Behinderung gedroht. Damit stellen die Autoren letztendlich das von ihnen selbst geschaffene Klischee vom glücklichen, Bällchen spielenden Behinderten in Frage und verfestigen, hoffentlich ungewollt, Erlösungsgedanken gegenüber Behinderten.

Kann es, so frage ich mich, überhaupt ein »kritischer Einwand gegen die Sterbehilfe« sein, daß die Gefahr des Scheiterns besteht? Ist es nicht äußerst dümmlich zu suggerieren, man müsse gegen die Sterbehilfe sein, weil bei einem Scheitern Behinderung droht? Provoziert solch seltsame Angstargumentation nicht geradezu den Schrei nach Perfektionierung der Sterbehilfe?

Behinderte, die sich in ihrem Leben durch aktuelle Diskussionen bedroht fühlen, waren in dem Beitrag lediglich zu besichtigen – zu Wort kamen sie nicht. Bilder von Protestaktionen genügten zur Untermalung eines Kommentars. Die inhaltliche Aussage, wie es den Behinderten nun wirklich geht, blieb einer Professorin vorbehalten, die sich anscheinend bestens in unserer Innenperspektive auskannte.

Früher, als wir uns noch über den richtigen Weg zur Emanzipation der Behinderten stritten, war es für Ernst Klee selbstverständlich, daß er auch Behinderte zu Wort kommen ließ. Jetzt, wo es mehr und mehr um die Daseinsberechtigung Behinderter überhaupt geht, scheinen Äußerungen lebenswilliger Exemplare nicht so wichtig. Selbst diejenigen Behinderten, mit denen sich Herr Klee in den siebziger Jahren gemeinsam emanzipierte, eignen sich nun eher als Objekte wohlwollender Expertenkommentare. Gerade in einer Zeit, in der Todesbedrohung von Behinderten mit »geringer« Personalität begründet wird, wäre es nötig gewesen, den immer stärker werdenden Klischees entgegenzutreten! Der laute, empörte Behinderte wäre eine Antwort gewesen.

Hemmungslose Gesellschaftskritik – Zu den Patientenmorden in Wuppertal und Wien

Nachdem in Wuppertal eine Krankenschwester[117], wegen der Tötung von Patienten vor Gericht stand, wurde im Lainzer Krankenhaus bei Wien eine der größten Mordserien an Patienten in Europa bekannt.[118] Vier Pflegerinnen gestanden, mindestens 49 Patienten getötet zu haben. Zu Beginn ihrer Mordkarriere, gab eine verhaftete Pflegerin an, habe sie noch aus Mitleid getötet. Später nahm die Tötung grausamere Züge an. Eine schmerzhafte Ertränkungsmethode wurde eingeführt und als »Mundpflege« bezeichnet.
Nach einem kurzen anfänglichen Schock hielt sich die Empörung in Grenzen. Wieder einmal wollte sich der kritische Teil der Öffentlichkeit von »oberflächlicher« Empörung abgrenzen. So bedauerte die »Taz«: »Zuerst findet jeder die Vorgänge sehr schrecklich, dann werden die Täter kriminalisiert, und damit entledigt man sich des Problems. Niemand denkt aber über die Strukturen nach, die solche Ereignisse hervorbringen.«[119] Über die »vergessenen« Strukturen denkt dann die »Taz« nach: »Überall werden die Kosten im Ge-

sundheitswesen »bekämpft«, Stellenabbau und chronischer Personalmangel belasten das Pflegepersonal körperlich und psychisch. Es gibt keine Möglichkeiten für das Pflegepersonal, mit Fachleuten über Probleme zu reden, Aggressionen gegenüber Patienten zu verarbeiten, psychische Distanz zu gewinnen.«[120] Die »Taz«-Gesellschaftsanalyse kam zum richtigen Zeitpunkt. Die Gewerkschaft Öffentliche Dienste, Transport und Verkehr kämpfte für die Verbesserung der Arbeitsbedingungen der Beschäftigten. Dies verführte, sich nicht auf eindeutige Empörung festzulegen, sondern die Massentötung noch positiv zu nutzen. Kritikwürdige Beschäftigungsverhältnisse wurden mit der Tötung von Menschen vermischt. Schlechte Arbeitsbedingungen mögen beklagenswert sein. Durch den Hinweis darauf jedoch die Massentötung verständlich erscheinen zu lassen, entwürdigt die Opfer und macht das Leben von Menschen antastbar. Die verständnisvolle Gesellschaftsanalyse ist eine Mißbrauchsanalyse. Der gewerkschaftliche Kampf stand unzweifelhaft im Vordergrund. So demonstrierte in Hamburg eine im Krankenhaus beschäftigte Angestellte mit einem Schild, auf dem sie drohte, falls sich die Bedingungen im Krankenhaus nicht änderten, könne sie für sich nicht ausschließen, selbst Patienten zu töten. Gerade davor habe sie Angst. Eine Morddrohung als Form des Gewerkschaftskampfes. Ich erinnere mich noch gut daran, wie ich mit linken Freunden über diesen Vorfall debattierte. Ich vertrat die Meinung, daß eine solche Frau auf einer Demonstration nichts zu suchen hat. Entschiedener Einspruch. Letztendlich wurde ich als Dogmatiker entlarvt. Wiederum versuchte ich, solches Verhalten durch einen Vergleich aus einem anderen Bereich deutlich zu machen. Würde ein Polizist auf einer Demonstration mehrere Menschen töten, so würde ein solcher Vorfall wohl kaum dazu benutzt werden, dies mit Stellenknappheit zu begründen. Auch würde ein Polizeibeam-

ter, der auf einer Demonstration droht, falls nicht mehr Beamte eingestellt werden, aus Angst möglicherweise ebenfalls Demonstranten zu erschießen, nicht noch als besonders mutig geadelt.
Zusätzlich grotesk wird die Situation, wenn das Töten von Patienten auch noch mit der Mann-Frau-Problematik verknüpft wird, wie dies in einer Pressemitteilung der Initiative der Frauenpresse-Agentur geschieht: »Ausgerechnet Männer wollen sich Gedanken über eine Frauengruppe machen, von der sie quasi per Arbeitsvertrag, totale Verfügbarkeit erwarten. Von Krankenschwestern erwarten sie, was sie von den meisten Frauen nicht mehr bekommen: Duldsamkeit, Demut, widerspruchslose Aufopferung ... In Wien und Wuppertal sind Krankenschwestern verdächtigt, Menschen getötet zu haben. Ein schrecklicher Verdacht. Der österreichische Psychiater Erwin Ringel war als einer der ersten mit einer Diagnose da. Nationalsozialistisches Denken wirft er den Krankenschwestern vor, weil sie ihre Macht mißbrauchten und Leben, das ihnen lebensunwert erschien, vernichteten. Diese Diagnose wird vielen gerade recht sein. Klischee drüber. Fertig. Aber so »einfach« ist es wohl nicht. Wahr ist: Ohnmacht kann auf schreckliche Weise mächtig werden, und jahrelang unterdrückte Wut kann sich einen furchtbaren Weg suchen.«[122] Einer Einschätzung der auch der liberale Psychiater Klaus Dörner etwas Positives abgewinnen kann, indem er in der »Taz« vom 13. April 1989 erklärt: »Solange die Ärzte meist männlich, die Schwestern meist weiblich waren, barg dies Konstellation natürlich auch ein Gefühl von Ohnmacht und Wut. Die Schwestern sind meist länger auf der Station, die Ärzte kommen neu hinzu, überspielen ihre Unerfahrenheit und hören nicht auf die erfahrene Schwester. Unter diesen Umständen können natürlich das Ohnmachtsgefühl und die Wut der Schwestern wachsen. Insofern spielen hier die Mann-Frau- als auch die

Arzt-Schwestern-Hierarchie zusammen«.[123] Durch solche Einschätzungen, die die »Verständlichkeit« dieser Verbrechen in den Vordergrund stellen, finden objektiv stille Tabubrüche und damit indirekte Lebensbedrohungen statt.
Eine harmlose, ähnlich funktionierende Argumentation findet man übrigens nicht selten, wenn die schwere und sinnvolle Arbeit von Zivildienstleistenden etwa gegenüber dem Wehrdienst herausgestellt werden soll. Die zu betreuenden Behinderten, etwa in Heimen oder Ausbildungsstätten, werden nicht selten als besonders schwere, teilweise unangenehme Fälle geschildert, die den Zivis das Leben besonders schwer machen. Zweck solcher Aussagen ist es z. B., »solidarisch« herauszuarbeiten, daß die Zivis keine Drückeberger sind und in der Regel härter arbeiten als einfache Wehrpflichtige. Die Schwere der Aufgabe eines Zivildienstleistenden scheint des öfteren nur über eine übertrieben negative Beschreibung der am stärksten Entmündigten möglich.

Staatswohlfahrt – Polioimpfung und »Aktion Sorgenkind«

Trotz anders lautender Gerüchte, eine freie Wohlfahrt gibt es nicht. Sie war immer eine Staatswohlfahrt. Die der Wohlfahrt untergeordneten Verbände waren immer Komplizen gesellschaftlicher Normalität und somit aggressive Agenten rigider staatlicher Gesundheitspolitik. Daran ändern auch dekorative, »vorurteilsfreie« Kampagnen nichts, wie etwa »auch Behinderte sind ein Teil des Ganzen«.
Unterschiede zwischen Wohlfahrts- und Fürsorgeverbänden bestehen lediglich in der Form und Qualität, das sollte nicht ganz unberücksichtigt bleiben. Eindeutige Parteilichkeit für die Behinderten ist für die im Wohltätigkeitsbereich Tätigen gar nicht möglich. Denn in ihrer Existenzbegründung gibt es

einen entscheidenden Grundwiderspruch. Am deutlichsten kommt dies durch die wohlklingenden, nebeneinander stehenden Parolen »Vorsorge« und »Fürsorge« zum Ausdruck. Letztendlich läuft dieses auf den Widerspruch hinaus, daß die Verbände vorsorgen wollen, damit diejenigen, denen sie Fürsorge antun, gar nicht mehr existieren – Begriffe, die logisch betrachtet nicht gleichberechtigt nebeneinander stehen können. In der Wirklichkeit tun sie es auch nicht, die Vorsorge hat absolute Priorität. »Verantwortungsbewußt« beteiligt sich die Wohlfahrt dann an der Verachtung gegenüber Behinderten.

Besonders deutlich wurde dies an den großen Schluckimpfungskampagnen, durch die die Kinderlähmung besiegt werden sollte. In Fernsehspots war ein Junge zu sehen, der nach überstandener Polio an Krücken ging. Ein ebenfalls die Polio überlebender Junge hängt an Litfaßsäulen und in staatlichen Einrichtungen. Der »Plakatjunge« wird von Wohlfahrtsverbänden als Werbematerial verteilt. Die aufklärerische Bewertung seines Lebens lautet schlagzeilenmäßig: »Schluckimpfung ist süß, Kinderlähmung ist grausam.«

Die Kampagne verfolgte den Zweck, Eltern durch die Drohung vor Behinderung zur Schluckimpfung zu animieren. Ich bin kein Verfechter der »umgedrehten« Ideologie von Krankheit und Behinderung als Norm. Doch bei dieser auf bildliche Darstellung setzenden Massenaktion werden weder die Krankheit noch die Schmerzen eines Kranken dargestellt. Es wird ein Behinderter gezeigt und sein Leben mit dem eines Nichtbehinderten vergleichend bewertet. Das nichtbehinderte Leben sollte durch »aufklärerische Entwürdigung« behütet werden. Behinderung wird im Interesse normaler Gesundheitsvorsorge mit Grausamkeit gleichgesetzt. Durch die aggressive Propaganda für den süßen Schluckimpfungswürfel wird so eine Art Totalitarismus der Gesundheit sowie der geringere »Lebenswert« Behinderter verfestigt. Die Wohlfahrt erwies sich dabei als ein prächtiger Erfüllungsgehilfe.

Finanziell gestützt werden die Verbände durch staatliche Gelder. Dies förderte die personelle Verquickung zwischen aktiven Politikern und der Wohlfahrt, ein weiterer Grund für die Unfreiheit der »freien Wohlfahrt«. Die freie Wohlfahrt dient dadurch noch als Funktionärsbeschaffungsmaßnahme für Politiker, die ihre Karrierehöhepunkte überschritten haben. Annemarie Griesinger, ehemals Gesundheits- und Sozialministerin von Baden-Württemberg, übernahm nach Aufgabe ihres Politikeramtes die Verantwortung als Vorsitzende der »Bundesvereinigung Lebenshilfe«. Hermann Buschfort, ehemaliger Behindertenbeauftragter der Bundesregierung, wurde nach seiner Amtsablösung Vorsitzender der »Aktion Sorgenkind«. Das wohl eklatanteste Beispiel an moralischem Verfall und der Gefährdung von behindertem Leben in der deutschen Behindertenhilfe ist die »Aktion Sorgenkind«. Verantwortlich dafür sind sämtliche Spitzenverbände der Staatswohl-Tat – die Arbeiterwohlfahrt, das Deutsche Rote Kreuz, das Diakonische Werk, die Caritas sowie der Paritätische Wohlfahrtsverband. Diese Aktion stellt die endgültige Preisgabe von Behinderteninteressen an die Normalität dar. Durch ihre fürsorgliche Gewalt bereitet es der »Aktion Sorgenkind« keine Probleme, einer ganzen Bevölkerungsgruppe einen kindlichen Status zu verleihen. Verfestigt wird das Bild des Behinderten, der anderen, »gutmütigen« Menschen Sorgen bereitet. Unter der Leitung des ZDF-Gesundheitsredakteurs Hans Mohl wurde ein spezielles Unterhaltungsmanagement geschaffen. Durch wöchentlich ausgestrahlte Werbespots, die »Bilanz der guten Tat«, soll die Bevölkerung an die notwendige Kontinuität der Behindertenhilfe ermahnt werden. Besonders originelle Helfer werden im Rahmen dieser Sendung gelobt. So rollen dann

von fröhlicher Mitmenschlichkeit beseelte Bürger Bierfässer oder Essen für uns Behinderte oder meterweise Würste um die Wette.
Die Darstellung von lebensfrohen Behinderten wird seit dieser populären Sendung in einem Maße mit der Fürsorge Nichtbehinderter für uns Behinderte verknüpft, daß dies einer offiziellen Entmündigung gleichkommt.

Christliche Aufgeschlossenheit

Zum Selbstverständnis vieler »fortschrittlicher« Christen gehört immer mehr, bei jeder »Zeitgeistdebatte« Aufgeschlossenheit zu demonstrieren. So veranstaltete die Evangelische Akademie Nord-Elbien in Bad Segeberg[124] eine Tagung über die »drängenden aktuellen ethischen Fragen«. Um die Tagung »wissenschaftlich« aufzuwerten, wurden internationale »Erlösungs«-Befürworter geladen.[125] Einige Male fanden »rührende« Szenen statt. So erklärte ein englischer Todesarzt sinngemäß die persönlich-historische Bedeutung des Tagungsdatums damit, daß er vor ca. 20 Jahren seine erste Patientin »erlöst« hatte.
Das Thema einer Arbeitsgruppe lautete: »Frühkindliche Euthanasie? Ja«. Der Begriff Euthanasie ist bei einer solchen Fragestellung schon abgesegnet. Nun kann weiter differenziert werden in frühkindliche, kindliche, mittlere und Spät-Euthanasie. Analog der ZDF-Gerichtsreihe »Wie würden Sie entscheiden?« wurden in dieser Arbeitsgruppe »tötungswürdige« Fälle durchgegangen. Gelegentlich war auch die Möglichkeit der »freien Entscheidung« der Betroffenen Gegenstand der Erörterung. Bei einem 13jährigen Jungen etwa, der wegen häufiger Krankenhausaufenthalte Todeswünsche äußerte. Die Zustände im Krankenhaus waren nicht Gegenstand der Debatte. Um die selbständige Urteilsfähigkeit des

Kindes zu verdeutlichen, wurde zum wiederholten Male die überdurchschnittliche Intelligenz des Jungen betont.
Mehrheitlich einig war sich das »Fachpublikum«, daß einzelne Entscheidungsträger wie etwa die Ärzte bei den enormen ethischen Fragen, was das Leben einzelner Menschen betrifft, überfordert sind. Das Modell einer Entscheidungsfindung aus Ethik- und Institutskommissionen müsse verstärkt in die Praxis umgesetzt werden. Diese Ethikzirkel sollten aus unterschiedlichen Fachdisziplinen zusammengesetzt sein.
Ihnen soll etwa bei Tötungsdelikten eine Vermittlerfunktion zukommen, um lästige Gerichtsverfahren zu verhindern. »Die Erlösungstötung« ist angeblich kein Fall mehr für die Gerichte.
Nach ausführlicher ethischer Beratung fand die Mehrheit des mit der Heiligkeit des menschlichen Leben brechenden Publikums sich beim Gottesdienst ein.

Die Funktion der »fortschrittlichen Christen«

Zwar betonen die neuen »Todesethiker« immer wieder die Hinfälligkeit christlicher Werte, trotzdem kommen ihnen fortschrittliche Theologen nicht ungelegen. Denn noch immer wird christliches Denken bei großen Teilen der Bevölkerung mit Moral identifiziert. Da der Todespropaganda der endgültige Durchbruch noch nicht gelungen ist, bringt die Beteiligung der geistigen Würdenträger an dem würdelosen Diskurs für ihre Durchsetzungsstrategien enorme Vorteile. Bei denjenigen, welche die Tötung von Behinderten noch schreckt, soll der Geistliche die Funktion erfüllen, die Bedrohung herunterzuspielen und der Debatte menschliche Züge zu verleihen. Spekuliert wird hierbei mit dem oberflächlichen Gottvertrauen. Nach dem Motto, wenn hier schon Diener des Herrn mitdebattieren, muß es um humane

Anliegen gehen. Hier scheinen sich überkommene moralische Werte hervorragend dazu zu eignen, in besonderer Weise die »Restheiligkeit« des Lebens anzugreifen. Ein Teil der fortschrittlichen Theologen unterstützt dieses Vorhaben nicht unwesentlich.

Die Geschichtslücken der »Ärzte gegen Atomkrieg«

Die Verleihung des Nobel- und UNESCO-Friedenspreises an die »Ärzte gegen Atomkrieg« hat anscheinend bei den Friedensärzten Bedürfnisse gesteigert, sich der eigenen Traditionen zu vergewissern. Denn die Wiederentdeckung positiver Vorläufer steigert gesellschaftliche Autorität.
Das Ergebnis solcher Geschichtsforschung ist nachzulesen in dem Mitgliederrundbrief der »Ärzte gegen Atomkrieg« vom November 1989.[126] Der Artikel soll – so die Verfasser Thomas M. Ruprecht und Dr. med. Christian Jensen – zeigen, »daß bereits ein Dreivierteljahrhundert vor Gründung der IPPNW (International Physicians for the Prevention of Nuclear War) Tausende Ärzte aus 41 Ländern dreier Kontinente aus moralischer Entrüstung den Kräften des Krieges organisierten Widerstand entgegenzusetzen versuchten.«[127]
Dann benennen die Autoren bedeutende Friedens-Ärzte: »Der bekannte Schweizer Psychiater Auguste Forel (1848–1931 und sein Schüler F. Brupbacher sind als Vertreter eines stark durch sozialistisches Gedankengut beeinflußten ärztlichen Friedensengagements zu nennen.«[128] Gerade diese beiden werfen nun aber ein Licht auf menschenverachtende Verlautbarungen sozialistischer Gesundheitsideologie. Der so hochgelobte Schweizer »humanistische« Psychiater Auguste Forel war sozialer Krieger, war Rassenhygieniker, was die Autoren entweder nicht wissen, verschweigen oder akzeptieren. Forel schrieb in seinem Buch »Hygiene der

Nerven und des Geistes im gesunden und im kranken Zustande«[129]: »Alles vererbt sich: Phantasie, Gewissen, Sinn für Kunst, Bosheit, Intrigensucht, starke oder schwache Triebe geradesogut wie rote oder schwarze Haare oder eine krumme Nase. Es ist aber, daß für den Menschen die Keimanlagen des Gehirns die wichtigsten sind. Die Lehre, die daraus hervorgeht, ist die: Der Mensch sollte in der Erzeugung seiner Nachkommen eine sorgfältige Auswahl treffen, die Tüchtigen und Gesunden sollten sich vermehren, die Untüchtigen und Kranken oder Abnormen nicht«.[130] In seinem Buch »Die sexuelle Frage«[131] tröstet sich Forel: »Immerhin hat man in neuerer Zeit die Kastration als Heilmittel für allerlei Krankheiten bei Männern und Weibern ausgeführt, bei Weibern besonders gegen Hysterie. Ich gestehe hier ganz offen, daß ich in den neunziger Jahren an einem psychisch kranken Scheusal, das in meiner Arbeit sich befand und wegen Schmerzen im Samenstrang die Kastration selbst verlangte, die Operation vornehmen ließ, obwohl die Sache für mich mehr eine Vorbeugungsregel gegen Kindererzeugung durch den Kranken als ein Eingriff seines persönlichen Leidens wegen bedeutete«.[132]
Fragen und Begriffe, die auch heute wieder aktuell geworden sind. Dann begründete Forel seine Kriegsgegnerschaft: »Die Kriege sind ein verderblicher Faktor in der menschlichen Zuchtwahl. Sie zerstören und verstümmeln im brauchbarsten Alter geradezu das Beste an Qualität und lassen die Krüppel, die Kranken und die alten Leute am Leben«.[133]
Der ebenfalls von den Antikriegsärzten zum Geschichtsvorbild erkorene Fritz Brupbacher, der sich nicht als Sozialist, sondern als Anarchosyndikalist verstand, drückte das damalige Zuchtdenken, das in Warnungen vor »erbbiologischen Zusammenbrüchen«[134] versteckt wurde, folgendermaßen aus: »Aber wie traurig ist es, wenn wirklich ein Kranker geboren wird und wir uns sagen müssen, wir haben ihn durch

unser Nichteingreifen verschuldet ... Es kann gar nicht ernsthaft bestritten werden, daß die Fortpflanzung von Geisteskranken, schweren Psychopathen, Säufern, Schwindsüchtigen, Tauben, Blinden, Zuckerkranken usw. ganz überwiegend Unheil bringt.«[135]

Schon 1924 bedauerte Brupbacher, was später in Deutschland auf brutale Weise dann doch »spruchreif« wurde: »Die rassenhygienische Indikation ist zur Zeit noch nicht spruchreif«.[136]

Ich halte es nicht für akzeptierbar, daß Vertreter solcher Positionen kritiklos in einem »Ärzteheft« genobelt werden und daß die Redaktion mit einem Beitrag keine Schwierigkeiten hatte, in dem aus der Rede des Präsidenten der französischen Friedensgesellschaft aus dem Jahre 1905 zitiert wird: »... diese Idee des Friedens, des heiligen Friedens, ist es wert, durch jeden Arzt, der seine Aufgabe verstanden hat, verteidigt zu werden. Unzweifelhaft ist es die Pflicht des Arztes, den Todkranken das Leben zurückzugeben, den Versehrten beizustehen und das Leben der Schwachen zu verlängern. Aber warum ist es ihm nicht gestattet, die kräftigen, gesunden und lebensdurstigen jungen Menschen zu retten, die der gewaltigste Wahnsinn der Welt auf die Schlachtfelder kommandiert? Gibt es eine schmerzlichere Ironie, als seine Fürsorge einen armen Tuberkolosekranken zuzuwenden, während der Moloch des Krieges mit einem einzigen Schlag Hunderttausende gesunde und vitale junge Menschen vernichtet?«[137]

Es hat bereits traurige Tradition in der Friedensagitation, Kranke und Behinderte dem »kräftigen, gesunden und lebensdurstigen Menschen« gegenüberzustellen.

Das Menschenbild der »Friedfertigen« steht denen der Kriegsagitatoren in nichts nach, was auch aus der friedfertigen Symbolveränderung deutlich wird. »Schwerter zu Pflugscharen« heißt eine der Abrüstungsparolen der Friedferti-

gen. Dem kräftigen Ritter mit überdimensionalem Körper wird das Schwert entwendet. Statt dessen wird ihm ein Pflug in seine kräftigen Hände gedrückt.
Seine Körperkraft soll für gesunde Zwecke verwendet werden. Die Prinz-Eisenherz-Normalität wird ersetzt durch die kräftige deutsche Landmann-Normalität, die für uns keinen Platz läßt. Solche Traditionen innerhalb der Antikriegsagitationen sind ungebrochen. Es handelt sich um die bedingungslose Solidarität der intakten Körper und der intakten Geister.

Behinderte im Faschismus – Opfer zweiter Klasse?

Schädlich wäre es, die aktuelle Auseinandersetzung ausschließlich mit dem inflationär benutzten Faschismusvorwurf zu führen.
Verunsichern müssen jedoch Belehrungen fortschrittlicher Nichtbehinderter, die wieder behaupten, es müsse bei den Nazimorden unterschieden werden zwischen der Euthanasie, dem Klassenmord an ganzen Bevölkerungsgruppen oder dem Massenmord aus rassistischen Beweggründen.[138]
Bei dieser merkwürdigen Unterscheidung entsteht der Eindruck, daß Klassenmord und Rassenmord an ganzen Bevölkerungsgruppen im Gegensatz zur Behindertentötung das echte, ernst zu nehmendere nationalsozialistische Unrecht waren.
Der immer häufiger zu hörende Hinweis, daß das Wort Euthanasie im ursprünglichen Sinne »schöner Tod« bedeutet, muß diese Vermutung verstärken. Nachdem der Behindertenmord der Nazis auch von Begriffen wie »schöner Tod« oder »Gnadentod« begleitet wurde, sollte selbst bei gering entwickeltem Geschichtsbewußtsein die ursprünglich »positive« Bedeutung des Wortes ausgedient haben.

Euthanasie bedeutet faktisch Massenmord. Wer die Naziopfer unterschiedlich bewertet, verhöhnt die Euthanasieopfer und macht letztendlich unterschiedliche Wertungen von Menschenleben wieder salonfähig.

Eine linke Legende: Friedrich O. Wolf

Der Arbeiterschriftsteller und Arzt Friedrich Otto Wolf galt und gilt neben Bertolt Brecht als einer der bedeutensten sozialistischen Schriftsteller seiner Zeit. Zu seiner Funktion als Arzt und Schriftsteller erklärte KPD-Mitglied Wolf: »Die Ärzte sagen, ich sei ein guter Schriftsteller. Die Schriftsteller behaupten, ich sei ein guter Arzt. Liebe Freunde, womit habe ich das verdient?«[139] Der schreibende Arzt Friedrich Wolf war eine der Symbolfiguren der ersten großen Abtreibungskampagnen des 20. Jahrhunderts. Der linke Mediziner betrachtete Krankheit nicht isoliert von gesellschaftlichen Bedingungen, sicher einer der Gründe für seine ungebrochene Popularität in linken Kreisen bis zum heutigen Tag. Hinzu kommen seine »modernen« Thesen und Projekte: Im Zusammenhang mit staatlicher Gesundheitsvorsorge-Politik forderte Wolf zur Sicherung des allgemeinen Wohlbefindens Naturheilparks. Dafür entwickelte der entschiedene Verfechter der Naturheilkunde und Homöopathie eigens architektonische Pläne für die Schaffung von Naturheilparks.
Schon 1919 forderte Wolf vom Staat: »Das Recht auf Gesundheit ist ein Recht des einzelnen an den Staat.«[140] Das Markanteste an Wolf aber war die absolute Vergötzung des gesunden Körpers in Verbindung mit der Idealisierung von Natur. Eines seiner Standardwerke hieß: »Die Natur als Arzt und Helfer«.[141] Wolf lehrte, wie es möglich sei, trotz krankmachender gesellschaftlicher Bedingungen möglichst gesund zu bleiben. Dieser Frage widmet er den zweiten Teil

seines Standardwerkes. Wolf: »Können wir in unserer heutigen Zeit noch gesund leben? Diese Frage beantworten, sie bejahend beantworten, heißt ein ganzes Heer von Ernährungs-, Wohnungs-, Kleidungs- und Berufskrankheiten beheben und wichtiger noch – ihnen vorzubeugen. Ohne Übertreibung: 50 Prozent unserer ›Kulturkrankheiten‹ kommen ›aus dem Bauch‹, wurzeln in falscher Ernährung!...«[142] Wie man sich sogar den aggressivsten Bazillen widersetzen kann, verdeutlichte er an historischen Vorbildern. »Die eine, die schwächere ›Natur‹ (Lebenskraft) reagiert auf eine Durchnässung mit einer Lungenentzündung, die andere mit einem Schnupfen, die dritte überhaupt nicht. Napoleon ging furchtlos und unangefochten durch die Pestbaracken Ägyptens. Der berühmte Hygieniker Professor v. Pettenkoffer aß vor Zeugen Reinkulturen von Cholerabazillen, ohne zu erkranken ...«[142a] Die Konsequenz, die Wolf unter Bezugnahme auf Hippokrates daraus zieht, ist folgende: Die Krankheiten überfallen uns nicht wie aus heiterem Himmel, sie sind die Folgen fortgesetzter Sünden wider die Natur; erst wenn diese sich häufen, brechen die Krankheiten scheinbar plötzlich hervor!‹ So Hippokrates, der große Arzt des Altertums.«[143]

Seine Popularität verdankte Wolf u.a. der Tatsache, daß er kein unverbindlicher Schwätzer war, sondern seine Lehren an sich selbst praktizierte. Eindrucksvoll beschrieb dies der russische Schriftsteller, Sergej Tretjakow, nach einem Besuch: »Ein glühend roter Mann hockt in der Wanne und schüttet sich eiskaltes Winterwasser auf die Schenkel. Bis zu hundertmal ... Bei dieser Art sich zu waschen, ist eine Erkältung ausgeschlossen. Die Darmgase gehen während des Bades ab. Meist hat man gleich nach dem Abtrocknen Stuhlgang ...«[144] Die Ernährung von Wolf beschreibt Tretjakow so: »Das ist kein Frühstück, sondern eine Lehrveranstaltung. Ich suche Salz. Vorwurfsvolle Blicke: ›Weshalb Salz?

Gewöhn dir die barbarische russische Sitte ab, alles zu versalzen. Belaste das Blut nicht. Je weniger Salz, desto besser‹ ... Fleisch gibt es auf diesem Tisch auch nicht. Fleisch läßt die Därme altern und vergiftet den Organismus.«[145]
Subtil verachtete Wolf diejenigen, die nicht seinen gestählten Lebensstil übernahmen. Wolf kultivierte den Körper und schrieb 1921 das Filmmanuskript für den Lehrfilm »Gymnasten über euch!«.[146] In diesem Film predigt er: »Ihr wißt es bloß nicht, daß in dieser nackten Einfachheit das wahre Leben liegt ... Und eines noch wird plötzlich euch klar werden: Wieviel Ballast ihr mit euch herumschleppt, mit wieviel Drum und Dran ihr euer schönes nacktes Leben selbst verschandelt ...«[147]
Später, so wird behauptet, wurde dieser Film von den Nazis zum »Gesundheitspropagandafilm« »Wege zu Kraft und Schönheit« »zweckentfremdet«!
Mit keinem Wort geht die kritische Geschichtsschreibung der Frage nach, wie denn solcher Mißbrauch gegenüber einem aufrechten Film überhaupt möglich war. Drängte sich bei solchen Vergötzungsorgien von »gesunder Körperlichkeit« nicht gerade die Integration in das Nazimenschenbild vom gesunden Volkskörper förmlich auf? Förderte die Verherrlichung von Wolfs Menschenbild, ohne daß es überhaupt nötig war, dies offen auszusprechen, nicht als Gegenbild die Verachtung von »Nicht-Intakten«?

Die Zeitschrift »Der sozialistische Arzt« – 1926

Wolf war eines der prominentesten Mitglieder des 1924 gegründeten, etwa 1500 Mitglieder umfassenden, »Vereins sozialistischer Ärzte«, in dessen Zeitschrift »Der sozialistische Arzt« er regelmäßig veröffentlichte.
Ausführlich wurden dort die sozialen Probleme und die

Ängste der vorherrschenden Eugenik diskutiert. So ist in der Ausgabe vom August 1928 »Nachdenkliches« von einem gewissen Dr. G. A. Batkins zu lesen: »Vom sozialpolitischen Standpunkt aus befinden sich die meisten modernen Eugenisten auf der rechten Seite der gesellschaftlichen Bewegung ... Zu gleicher Zeit sehen sie in den unter Druck der Arbeiterklasse wachsenden sozialpolitischen Maßnahmen eine Abschwächung der natürlichen Auslese, eine Kontraselektion. Sie zählen sich zu den Anhängern nicht der sozialen, sondern der selektiven Hygiene (Lenz).«[148] Als Gegenstück zur »rechten« Eugenik wird dann für eine positive »linke« Eugenik plädiert, wobei immer wieder Bezug auf den sozialistischen Sozialpolitiker Grotjahn genommen wird. Schon 1926 erklärte der Sozialdemokrat: »Dieser ausmerzende Einfluß wird natürlich dann am wirksamsten sein, wenn die Tuberkulose schnell verläuft und die soziale Umwelt eine derartig ungünstige ist, daß möglichst wenig ärztliche Fürsorge die Krankheit und Pflege aufhält.«[149] Weiter schreibt G. A. Batkins, der Verfasser des Artikels »Die ›linke‹ Richtung in der Eugenik«:[151] Diese »erkennt das Selektionsprinzip nicht an und ist Gegner der politischen Anthropologie, aber zu gleicher Zeit verneint sie die Theorie der determinierten biologischen Klasse nicht (Grotjahn) und äußert sich für soziale Politik mit selektivem Charakter. Die Genetik, deren Entwicklung zu gegenwärtiger Zeit noch weit unzureichender für die Studien der biologischen Eigenschaften und Gründe der Pathologie sozialer Menschengruppen ist, kann denn auch schon jetzt viel in der Frage der Berufsberatung und Auslese und der individuellen Prognose leisten ... Also zu gegenwärtiger Zeit ist die Wissenschaft von der Menschenaturverbesserung gleichzeitig die Eugenik (genetische Bahn) und die Eugenik (die Bahn der unmittelbaren Verbesserung der Nachkommen), und nur auf diese Art ist die Eugenik das Schlußkapitel und das Endziel der Sozialhygiene.«[152]

Behindertengenies – Stephen W. Hawking und andere

Die Korrespondenz von Behindertenverachtung und Behindertenbewunderung hat eine lange Tradition, auch in letzter Zeit tauchten wieder mehrfach »Behindertengenies« in den Medien auf. Das öffentliche Bewußtsein pendelt zwischen Verachtung und Überhöhung, so, als gäbe es nur diese Extreme. Hierher gehört etwa die sensationelle Berichterstattung hinsichtlich des englischen schwerstbehinderten Atomphysikers Stephen W. Hawking, der mit seiner Theorie der schwarzen Löcher lange Zeit die Bestsellerliste anführte. Um das Genie so richtig zur Geltung zu bringen, wurde zuerst Vorbereitungsarbeit geleistet. So war »ohne böse Absicht« von einem »Kleiderbündel«[153] die Rede, das zufällig die Form einer menschlichen Gestalt ergibt. Nach dieser vorausgegangenen Entmenschlichung kam das Genie dann anschließend erst so richtig zur Geltung. Nicht selten besteht die Gefahr, im Kampf gegen Euthanasie in eine verkitschte Zeichnung von behindertem Leben abzugleiten. So werden dann Behinderte als »goldig« betitelt, oder man weist darauf hin, daß ein Behinderter einem Nichtbehinderten gefühlsmäßig viel »gebracht« hat. Dieser verallgemeinernden Idealisierung von Behinderten schließen sich zunehmend wieder die sogenannten Behindertenexperten an.[154] Um Behinderte schreiberisch aus dem Dunstkreis der Tötungskandidaten zu befreien, werden sie zu den lebensfreudigsten Menschen schlechthin erklärt. Die Gefahren solcher »Parteilichkeit« sind vielfältig. Sie unterstellt behinderten Menschen fälschlicherweise spezifische, nur ihnen eigene, hochwertige Eigenschaften und Glücksfähigkeit. Dabei gerät aus dem Blick, daß man ungewollt die Argumentationsebene der Euthanasiepropagandisten betreten hat, da diese sich ja auch als Leistungs- und Glücksverrechner betätigen: Der unglückliche Behinderte soll dort Platz machen für einen potentiell glücklicheren Nichtbehinderten. Man bestätigt durch eine solche Vorgehensweise zur Verteidigung des Lebens ungewollt, daß leistungsstarke und daher (!) glückliche Menschen eine höhere Lebensberechtigung haben. Ein offensives Vorgehen gegen die tödlichen Glücksverrechner ist diese Heldenargumentation auf jeden Fall nicht, denn zu Recht glaubt die Masse der Bevölkerung, auch der Teil, der die Euthanasie ablehnt, nicht an solche Märchen. Diese können im Gegenteil eines Tages gegen die nicht genialen (und genialen!) Behinderten zurückschlagen.

Behinderte und Normale – Ein gestörtes Verhältnis

Die 70er Jahre – Dekade der verlogenen Moral

Die Entwertung des behinderten Lebens durch die Friedensbewegung und die Ökologiebewegung kam nicht zufällig. Sie war möglich auf der Grundlage einer verlogenen Moral zwischen Nichtbehinderten und Behinderten. Es war das »Zeitalter« der angeblichen Partnerschaft zwischen Nichtbehinderten und Behinderten. Es wurde der vorurteilsfreie Umgang zwischen Krüppel und Nichtkrüppel gepredigt, der 1981, im »Jahr des Behinderten«, durch eine Menschlichkeitsdampfwalze niedergefahren wurde. In der Praxis gestaltete sich dieser Umgang dann folgendermaßen: Nichtbehinderte bekamen beigebracht, Behinderte seien anders, nur man dürfe uns Behinderten dies nicht zeigen, da wir zu empfindlich seien. Da er gelernt hatte, daß wir anders sind, konnte der Nichtbehinderte den Behinderten nicht einfach als Mitmenschen betrachten. Andererseits gab es aber auch die gesellschaftlichen Verhaltensanweisungen, uns zumindest nicht öffentlich zu verachten. Aus diesem Widerspruch heraus entstand ein angeblich vorurteilsfreier und trotzdem die Persönlichkeit des Behinderten – z. B. sprachlich – einschränkender Umgangston. Der Behinderte war nun kein Behinderter mehr, sondern »auch Mensch«, ein »trotzdem und ein dennoch Mensch«. Solche Verfahrensweisen galten dann als Zeichen besonderer Vorurteilsfreiheit. Die verdeckte Verachtung, die solche Begriffe transportieren, fiel niemandem auf. Indem uns Nichtbehinderte vor ihrem Denken schützen wollten, konnten sie sich auch vor einer Auseinandersetzung mit uns schützen. Eine sehr praktische

Form der Fürsorglichkeit. Durch diesen normalen Schutz mußten Nichtbehinderte sich nicht mit ihren Wertvorstellungen auseinandersetzen.
Behinderte wiederum bekamen beigebracht, um normal und integriert zu sein, bräuchten sie um jeden Preis einen Kontakt zu Nichtbehinderten. Der Preis war hoch. Der »integrierte« Behinderte paßte sich den normalen Verhaltenszumutungen an. Er wollte schließlich kein Behinderter sein. Ihm war es wichtig, von Nichtbehinderten das Prädikat vom »auch, dennoch und trotzdem Menschen« verliehen zu bekommen. Er hatte Angst, vom »integrierten« zum »einfachen« Behinderten zurückgestuft zu werden. So orientierte sich ein nicht geringer Teil von Behinderten exakt an den Vorstellungen, die Nichtbehinderte von integrierten Krüppeln hatten. Insofern spielten Behinderte häufig den Nichtbehinderten etwas vor. Sie bemerkten damals noch nicht, daß sie bei einer solchen Verhaltenszumutung, die ja auch ein Normalitätswettbewerb darstellt, immer verlieren würden.
Diese Verhaltensanweisungen hatten zwangsläufig Folgen unter Behinderten. Es gab unter ihnen lebhafte Integrationswettbewerbe. Sieger waren die Behinderten, die am meisten Kontakte zu Nichtbehinderten nachweisen konnten.
Die Folge dieser verlogenen Moral war, daß es immer unmöglicher wurde, Auseinandersetzungen zwischen Nichtbehinderten und Behinderten zu führen. Dies galt gleichermaßen für Behinderte wie für Nichtbehinderte. Hätte sich damals ein Nichtbehinderter öffentlich mit seinen wahren Wertvorstellungen gegenüber Behinderten auseinandergesetzt, so hätte er sich dem Vorwurf der Inhumanität aussetzen müssen. Andererseits wagten es Behinderte, bedingt durch Verlustängste, nicht die Normalen zu kritisieren. Das Ergebnis solcher »vorurteilsfreier« Kontakte war eigentlich logisch. Die Kommunikation zwischen Nichtbehinderten

und Behinderten wurde immer verkrampfter. Nichtbehinderte zogen sich aus Kontakten mit Behinderten zurück. Da half es auch nicht, wenn Behinderte aus lauter Verzweiflung ihre Anpassungsleistungen steigerten. Außer für einige von zäher Menschlichkeit beseelten Normale waren sie mit dem Ende der 70er Jahre wieder uninteressant. Beziehungen, in denen es nie eine Chance gibt, sich ansatzweise intensiv und offen auseinanderzusetzen, sind langfristig langweilig und haben keine Chance auf Beständigkeit.

Das Verhältnis von Behinderten und Nichtbehinderten bestand häufig in einer Aneinanderreihung von grotesken Situationen und Mißverständnissen. Ich erinnere mich noch an die Zeit vor gut zehn Jahren, als ich mit meinen Krücken gelegentlich Autostop fuhr. Allzuoft erlebte ich, daß gerade die, für die es selbstverständlich war, Tramper mitzunehmen, mich aber an der Straße stehen ließen. Damals war ich ärgerlich, heute kann ich solch ein Verhalten nachvollziehen. Insbesondere aufgrund ihrer Vorurteilsfreiheit konnten sie mich ja nicht mitnehmen. Das Problem begann bereits an der Autotür, denn diese »behinderte« den vorurteilsfreien Umgang zwischen dem Nichtbehinderten und dem Behinderten. Da nicht alle Behinderte das gleiche wollen und können, konnte der normale Tramperfreund auch nicht wissen, ob es mir genehm sei, wenn er mir die Türe geöffnet hätte. Ich hätte auch beleidigt sein können und solch ein Verhalten als Mißachtung meiner Fähigkeiten empfinden können. Andererseits bestand die Möglichkeit, falls mir die Tür nicht geöffnet würde, daß ich sie nicht selbständig hätte öffnen können. Zweifellos eine verzwickte Situation für die von Vorurteilsfreiheit Gepeinigten. Da sie jedoch noch immer nichts gegen Behinderte hatten, waren sie genötigt, an mir vorbeizufahren.

Mein Fortkommen war dennoch gesichert. Wurde ich, wie vorher geschildert, gerade wegen meiner Behinderung nicht mitgenommen, so wurde ich andererseits gerade wegen dieser befördert. Häufig wurde ich, kaum daß ich den Wagen bestiegen hatte, mit folgender Aussage konfrontiert: »Normalerweise nehmen wir ja keine Tramper mit. Man hört viel zu viel negatives über solche Leute. Aber bei Ihnen kann uns ja nichts passieren.«

Das »Jahr des Behinderten« 1981 – Ende einer Illusion

Die wenigsten werden sich daran erinnern können: 1981 durften wir das »Jahr des Behinderten« feiern. Zwar standen damals längst andere Probleme im Vordergrund des öffentlichen Interesses als der »partnerschaftliche Umgang zwischen Nichtbehinderten und Behinderten« oder die sogenannte Behindertenemanzipation, aber man wollte uns nicht zu den Akten legen, ohne uns vorher gehörig als »Mitmenschen« abgefeiert zu haben. Schließlich wollte sich niemand den Vorwurf machen lassen, zuwenig für die »behinderten Mitmenschen« getan zu haben. So wurde zu einem Zeitpunkt, da eigentlich niemand mehr das Wort »behindert« hören konnte, uns Behinderten noch ein besonderes Jahr spendiert. Eine medienwirksame Menschlichkeitsdampfwalze wurde aufgefahren, um noch vorhandene »Vorurteile« abzubauen. Die verlogene Moral zelebrierte ihren Höhepunkt.

Einige Behinderten-Emanzipationsgruppen lehnten das besondere Jahr ab und sorgten sich, zumindest dem Anschein nach, um ihren Selbstvertretungsanspruch. Sie ließen die groß angelegte Eröffnungsveranstaltung in der Dortmunder Westfalenhalle platzen. Für den damaligen Bundessozialminister waren wir plötzlich keine Behinderten mehr, sondern nur noch radikale Störer. Ansonsten wurde uns erstaunlich viel Sympathie entgegengebracht. Ein Teil der Öffentlichkeit fand es besonders schick, daß ausgerechnet Behinderte sich gegen das ihnen verordnete Jahr zur Wehr setzten. Durch derartige Sympathien waren wir angenehm überrascht; wir badeten geradezu darin. Nachträglich wage ich zu behaupten, daß auch die Verantwortlichen unsere Aktion gar nicht so unpassend fanden. Sicher mußten sie sich gegen die Form unseres Auftritts verwahren; doch erklärte, nachdem wir die Bühne besetzt hatten, der Geschäftsführer des Internationalen Jahres in jovialer Tonart, er hätte unsere Aktion weniger als Störung, denn als Teil des Programms begriffen. Vielleicht hatte er gar nicht so unrecht: Wahrscheinlich ließen sich Behinderte, die ein wenig aufmüpfig waren, eher dazu benutzen, eine angeblich gelungene Rehabilitation vorzuspielen.

Doch dies interessierte uns damals wenig. Wir genossen die Anerkennung als Emanzipationsrebellen in vollen Zügen. Ich glaube, noch nie war es für eine Gruppe so relativ bequem, Anerkennung im »Widerstand« zu finden, wie für uns im Jahre 1981. Wir lehnten zwar das Jahr der Behinderten ab, nutzten aber die »Vorteile«, die es für uns bot. Wir konnten Widerstandsprostitution betreiben, unsere Radikalität zur Schau stellen. Wir nötigten Nichtbehinderte zu einer verkrampft-positiven und scheinbar vorurteilsfreien neuen Sprache, die sich, »wertfrei«-exotisch, durch peinliche Solidaritätsspannerei tatsächlich von der herrschenden Wohltätersprache unterschied.

Eine Kostprobe der neuen Nettigkeit lieferte die »Taz« in ihrer Berichterstattung zum »Krüppeltribunal«. »Das Gemeindezentrum ist ausgelastet bis an seine Grenzen: Die einen surren in Elektrorollstühlen majestätisch durch die Gänge; andere bewegen sich fast tänzelnd mit den handgetriebenen Modellen. Peter Tülmann, ein Gehörlosen-Dolmetscher, wird gesucht und nicht gefunden; aus den ›Contergan-Kindern‹ sind längst Männer und Frauen geworden.

Udo aus Hamburg kommt mir mit ausfahrenden halsbrecherischen Bewegungen aus der Kellertoilette für ›Fußvolk‹ entgegen.«[155] Bei Befürwortern wie Gegnern des Behindertenjahres herrschte eine ausgeprägte Verlogenheit. Man wollte es »mit Anstand« hinter sich bringen, obwohl beide Seiten die abgedroschenen Partnerschaftsslogans nicht mehr hören konnten. Es herrschte totale Übersättigung an verlogener Moral. Das wurde uns »Widerstandskrüppeln« erst klar, als das Jahr vorüber war: Waren wir zuvor erstaunt gewesen über das Ausmaß der Anerkennung, die uns zuteil wurde, so waren wir nun schockiert, daß sich plötzlich, gerade als wir uns an unseren neuen Status gewöhnt hatten, niemand mehr für uns interessierte. Es wurde verdrängt, daß dies eigentlich nie der Fall gewesen war. Im »Jahr des Behinderten« wurden die Reste einer möglichen Auseinandersetzung zwischen Behinderten und Nichtbehinderten niedergetrampelt, teilweise mit unserer eigenen Beteiligung. Zu sehr ließen wir uns durch die Anerkennungstricks korrumpieren.

Die Folge des Behindertenjahres war, daß die Behindertenwürde anschließend endgültig auf dem Müll landete. Die verkrampften Wohltäter konnten sich vorlügen, es sei nun genug für Behinderte getan worden. Irgendwann muß schließlich auch mal Schluß sein mit den Behindertenproblemen. Die kritischen Wohltäter dachten ähnlich. Ein ganzes Jahr über hatten sie Behinderten ihren Respekt bekundet. Das mußte nun erstmal reichen.

Das »Jahr des Behinderten« bedeutete so das Ende der Epoche der verlogenen Moral und den Einstieg in die offene Verachtung gegenüber Behinderten. Dies war eine der Grundlagen der Benutzung von Behinderten als Abschreckungsmodell durch die Friedens-, Ökologie- und Gesundheitsbewegung.

Die sogenannte Innenperspektive

Die Tötungslegitimation wird nicht zuletzt mit der Notwendigkeit begründet, die sogenannte »Innenperspektive« des Betroffenen nachzuvollziehen. Nichtbehinderte Beobachter geben vor, sich in die Person des Kranken, Leidenden und Behinderten hineinversetzen zu können. »Schweren Herzens« entschließen sie sich zur Entsorgung der Gequälten. Neben den lebensverneinenden Innenperspektivlern gibt es auch den solidarischen Innenperspektivler. Auch er fühlt sich in das Seelenleben eines Betroffenen hinein und verteidigt aufgrund dessen die Daseinsberechtigung der Bedrohten. Trotzdem handelt es sich um ein Gewaltverhältnis. Denn der »einfühlende« Blickpunkt bleibt die Außenperspektive des nichtbehinderten Beobachters, er ignoriert den Konflikt zwischen Nichtbehinderten und Behinderten oder Kranken und Gesunden. Der Philosoph Karl Jaspers, von dem »zufälligerweise« nicht sehr bekannt ist, daß er mit einer schweren Krankheit lebte, beschrieb diesen Konflikt in seinen Tagebuchaufzeichnungen vom 6. August 1906: »... Gesunde können Kranke nicht verstehen. Unwillkürlich beurteilen sie die Kranken in ihrer Lebensführung, ihrem Verhalten und ihren Leistungen, so als wenn sie auch gesund wären. Sie verstehen nicht, was die eigentlichen tüchtigsten Leistungen sind im Kampf mit der Schwäche ... Sie achten diese Leistungen nicht, da sie dieselben nicht kennen.«[156]

Das Problem mit den ehrlichen Nichtbehinderten

Es gibt Nichtbehinderte, die das Ausmaß der Bedrohung, der Behinderte mittlerweile ausgesetzt sind, durchaus begreifen und versuchen, im Rahmen ihrer Möglichkeiten dagegen anzugehen. Doch auch diese »kritischen« Nichtbehinderten sind Gefangene ihrer Normalitätserziehung und aus einer Art Gruppensolidarität heraus der Versuchung ausgesetzt, Gewaltphilosophien teilweise nachzuvollziehen, statt sie zu entlarven. Hinzu kommt, daß offenbar etliche Normalitätsfanatiker es immer stärker als unnormal empfinden, wenn Nichtbehinderte sich für das Lebensrecht Behinderter »stark machen«. Solche Ausnahmen werden dann als »verkitschte Moralisten«, »peinlich beschränkt« oder »hysterisch« bezeichnet. So findet sich in der ZEIT vom 18. Mai 1989 die folgende Aussage: »Auch das Pathos der Hysterie wird gelegentlich gestreift: In einem offenen Brief verstieg sich der Bremer Behindertenpädagoge Georg Feuser unerschrocken zu der Erklärung, er werde, sollte Singers Ethik ›reale Gestalt annehmen‹, dagegen ›kämpfen, bis ich selbst getötet werde‹«.[157]

Trotz allem ehrlichen Engagement ängstigen mich auch diejenigen Nichtbehinderten, welche die Front des »Normalismus« verlassen haben. Ich frage mich, wie lange sie dem Druck des Normalismus und die damit zwangsläufig verbundene Ächtung des Nicht-Normalen überhaupt aushalten. Sind sie nicht permanent der Versuchung ausgesetzt, in ihre alten Reihen zurückzukehren? Das ehrliche Engagement wäre dann nur ein kurzer Ausflug in die Menschlichkeit gewesen. Letztendlich basiert ihre Solidarität auf dem wackeligen Grund der freien Entscheidung. Während wir uns aus Notwehr dem aktuellen Todesdiskurs widersetzen, treten sie freiwillig für das Lebensrecht anderer ein.

Hinzu kommt, daß ihr Einsatz nicht selten »moralisch« höher bewertet wird als der »primitive« Widerstand der tatsächlich Bedrohten, deren Perspektive wegen der persönlichen »Betroffenheit« verzerrt ist.

Dies führt leider dazu, daß auch solche Nichtbehinderte, die es eigentlich gut mit uns meinen, versucht sind, zur Rettung des gemeinsamen Widerstands unsere Vertretung zu übernehmen.

Was tun?

Die Linke – Politischer Bündnispartner?

Wir treffen uns unter »Freunden«. Wir reden über die Euthanasiebedrohung. Wir sind alle dagegen. Da es sich um linke Freunde handelt, kommen wir zwangsläufig auf die linke Vergangenheit. Nun beginnt der Punkt, wo aus Freunden Gegner werden. Es gibt zwar eine Bereitschaft, sich gegen die Benutzung von Behinderten durch die Ökologiebewegung auszusprechen. Doch wie sieht es mit der Ideologisierung der Gesundheit durch die Linken in früheren Jahren aus?

Vorschnell und zur Rettung linker Geschichtsidylle wird mir erklärt, damals sei alles anders gewesen. Denn, so höre ich erstaunt, damals ging es ja um die Gefährdung der Menschheit durch große Volkskrankheiten, wie etwa der Tuberkulose. Nun breitet sich bei mir Entsetzen aus. Ich beginne die Ähnlichkeit von Begründungsstrukturen zu begreifen. Damals ging es um die Mehrheit der Menschen, deren Gesundheit bedroht war; dies rechtfertigt angeblich die Ideologisierung der Gesundheit als »höchstes Gut« einschließlich der damit verbundenen Verachtung Behinderter als »abschreckende Beispiele« in der Vergangenheit.

Wenn es keine realpolitische Funktion der Linken in der Gegenwart mehr gibt, so soll ihr Verhalten wenigstens in der Vergangenheit verteidigt werden. Dies jedoch mit Argumenten, die in der Gegenwart gefährlich für unsere Existenz sind. Solche Argumentationen sind unerträglich. Denn auch bei der ökologischen Abschreckung wird immer mit den Interessen der Mehrheit argumentiert. Wer linkes gesundheitspolitisches Abschreckungsverhalten aus früheren Tagen verteidigt, hat den Anspruch verloren, sich gegen aktuelle Bedrohungen zur Wehr zu setzen. Die geschichtliche Interessenlegitimation der Mehrheit ist untrennbar verbunden mit heutigen vermeintlichen Mehrheitsrechten. Denn auch heute erscheint es legitim, die Interessen der »Gesunden und Normalen« vorrangig zu behandeln.

Die gegenwärtige Behindertenverachtung ist ja nicht nur aus dem reinen Haß gegenüber Behinderten entstanden, sondern auch deshalb, weil es keine Unterscheidungsmerkmale zwischen »auf natürliche Weise entstandenen« und »Umwelt«-Krüppeln gibt und somit die Ökobewegung die Objekte ihrer Ängste nicht eindeutig dingfest machen kann. Die Zunahme von Behinderungen kann zur Zeit allenfalls statistisch ermittelt werden. Weil hier – zurecht – nicht differenziert werden kann, hat sich die Normalität für einen Rundumschlag gegenüber allen Behinderten entschieden. So kann, wie es scheint, auch die Rolle von Krankheit und Behinderung im Leben der Menschen endgültig zugunsten einer rigiden Gesundheitsnormalität geklärt werden.

Ähnlich wie heute waren auch in früheren Zeiten die »fortschrittlichen« Kräfte bereit, zum Schutze der Gesundheitsnormalität alle Nicht-Gesunden, Nicht-Normalen als Abschreckungsmodelle zu entwürdigen. Dies kann auch die ausgefeilteste linke Geschichtswissenschaft nicht bestreiten. Ein Bündnisangebot heutiger Linker ohne eine eindeutige Parteinahme für kranke und behinderte Minderheiten auch in der Vergangenheit ist nichts wert. Die Opfer linker Gesundheitsideologie müssen rehabilitiert werden. Dies ist jedoch nur möglich, wenn der Fetisch der Gesundheit in Frage gestellt wird.

Die Krüppelbewegung

In Angrenzung gegenüber einer falsch verstandenen, illusorischen Idee einer »gemeinsamen Emanziptation« von Behinderten und solidarischen Nichtbehinderten entstand die »Krüppelbewegung«. Anspruch der Krüppelbewegung war, durch die Abgrenzung von Nichtbehinderten neues, eigenes Selbstbewußtsein zu entwickeln. Reine Behindertengruppen ohne Nichtbehinderte entstanden. Die Krüppelbewegten fühlten sich, zumindest verbal, als die wahren Vertreter der Behindertenemanzipation.

Sie klammerten sich an die Vorstellung, sich durch einen schnellen und radikalen Entwicklungsprozeß von der Anpassung an Nichtbehinderte befreit zu haben. Endlich schienen Behinderte selbst Herr ihrer eigenen Interessen zu sein, im Gegensatz zu den auf Gemeinsamkeit orientierten Behinderten. Durch diese Bewußtseinsarroganz einerseits und die ängstliche Anpassung anderer Behinderter an Nichtbehinderte andererseits entstand eine erbitterte Feindschaft zwischen diesen beiden gesellschaftlichen Aktionskonzepten. Trotz des Anspruchs war auch bei den Radikalemanzipierten die Anerkennung durch Normale sehr gefragt – was sie geschickt verbargen.

Immer wieder wurden die gleichen Erklärungen abgegeben: Mit der Anpassung an die Normalen sei nun Schluß. Dies vermittelten die Krüppelbewegten hauptsächlich den Nichtbehinderten. Um neues Bewußtsein besonders glaubwürdig unter Beweis zu stellen, wurde eine kleine Zeitung mit dem Titel »Krüppelzeitung«[158] herausgegeben. Im Untertitel stand: »Eine Zeitung von Krüppeln für Krüppel«. Beim Verkauf jedoch wurden geschickt nichtbehinderte Käufer mit einbezogen. Da die Zeitung offiziell »von Krüppeln für Krüppel« gemacht wurde, mußten normale Käufer einen Aufschlag bezahlen. Äußerst kämpferisch wurde dieses

Strafporto mit der notwendigen Bestrafung der Spannerinteressen Nichtbehinderter begründet. Dabei empfanden aufgeschlossene Nichtbehinderte die ihnen auferlegte höhere Preisklasse eher als originell. Gerne bezahlten sie ihren »Neugierzuschlag« und durften dadurch davon ausgehen, besonders die kämpferischsten Behinderten solidarisch zu unterstützen. Bei fortschrittlichen Nichtbehinderten entstand das »masochistische« Bedürfnis nach dem sie beschimpfenden radikalen Krüppel. Ihnen konnte geholfen werden: In penetranter Entschlossenheit erklärten radikal-emanzipierte Krüppel die Notwendigkeit des Befreiungsprozesses von den sie unterdrückenden bösen Nichtbehinderten.

Es entstand ein neuer Typus von emanzipiertem Krüppel: Als Kneipenoriginal begründete er die Notwendigkeit eines eigenen Krüppelstandpunktes. Er gehörte regelrecht zum Image einer politischen Kneipenkultur. Dieses radikale Krüppelmodell schien auf breiter Basis akzeptiert.

Ob »emanzipierter Behinderter« oder »radikaler Krüppel« – die Ziele waren die gleichen:

1. Das Bedürfnis nach Nichtbehinderten-Anerkennung.
2. Die Befreiung vom Klischee des dankbaren, Mitleid hervorrufenden Behinderten.
3. Zurückweisung der Gleichsetzung von Behinderung und Leid. Gefordert wurde eine Differenzierung zwischen Krankheit und Behinderung.
4. Die Abgrenzung von Leid und Krankheit schien nur durch eine Orientierung an bereits existierenden Emanzipationsmodellen erreichbar, etwa dem radikalen Feminismus.

Es entstand das neue Klischee vom dynamischen, sich bewußt mit seiner Behinderung auseinandersetzenden, absolut lebensfrohen, nicht leidenden und somit letztendlich gesunden Behinderten.

Dieser bewußte Krüppel hatte Neuigkeitswert. Er galt als

spannend und war dadurch einfach interessanter als der bis dato bekannte »langweilige, dankbare Behinderte«. Mit dem neuen radikalen Krüppel konnten sogar Konflikte ausgetragen werden. Einige dieser Menschen wagten es sogar, Nichtbehinderte zu beschimpfen. Die Faszination, die der kämpferische Krüppel auslöste, förderte groteske Situationen. Fortschrittliche Nichtbehinderte wurden auf Veranstaltungen durch brutale Beschimpfungen der Krüppelunterdrükkung bezichtigt. Nicht empörte Zurückweisung (von einem kleinen Teil abgesehen) war die Folge, die krüppelspezifische Publikumsbeschimpfung wurde bejubelt. Eine Steigerung war vorprogrammiert. Je heftiger die Beschimpfung, um so mehr Beifall konnte geerntet werden. Dieses seltsame Kommunikationsspielchen förderte das Gefühl, immer ernster genommen zu werden.

Ob andere Gruppen durch derart massive Beschimpfungen soviel Zustimmung bekommen hätten, fragten sich die Radikalen nicht – vielleicht aus Furcht, erkennen zu müssen, daß die Sache mit dem Ernstnehmen doch nicht so ernstgemeint war, und das hätte das emanzipierte Selbstwertgefühl doch etwas ins Wanken gebracht.

Die damalige krüppelspezifische Verhaltensform brachte für Nichtbehinderte in bezug auf die Angst vor Leid und Krankheit enorme Vorteile. Bisher war es ihnen nicht möglich gewesen, Behinderung von Leid und Krankheit zu trennen, worauf sich ein Teil ihrer Berührungsängste gegenüber Krüppeln aufbaute. Von diesen Ängsten schien sich nun der flotte, radikale Behinderte zu befreien.

Dabei wurde aus emanzipierter Krüppel- und Nichtbehindertensicht eine ziemlich oberflächliche Einstellung zum menschlichen Leiden. So wie es früher selbstverständlich war, aus der Tatsache leidender Behinderter den falschen Schluß zu ziehen, daß Behinderte immer leiden, entstand nun aus dem Wissen, daß nicht alle Behinderte leiden, der

Kult vom leidfreien Behinderten. Auf dieser Grundlage war keine Solidarität mit den vielen Kranken und Leidenden möglich. Der Emanzipationsdruck förderte Distanzierungsverhalten. Ohne es damals überhaupt noch wahrnehmen zu können, betätigten sich radikale Krüppel durch ihre Emanzipationssucht indirekt als Komplizen der Leiddiffamierung und waren somit mitschuldig an der Verachtung der Leidenden.

Danebengegangen: Das Wort »Krüppel«

Immer wieder werden wir gefragt, weshalb wir uns selbst Krüppel nennen. Die Selbstannahme des Worts Krüppel entstand vor ca. zehn Jahren. Der emanzipierte selbstbewußte Behinderte hatte seinen absoluten Neuigkeitswert verloren. Nichtbehinderte empfanden es nicht mehr nur als Genuß, von Behinderten beschimpft zu werden. Sie begriffen ansatzweise, daß dieses Krüppelverhalten trotz makabrer Begleiterscheinungen auch ein Versuch war, das versteckte Denken der »Normalen« gegenüber Behinderten offenzulegen. Um das Bild vom Nichtbehinderten als edlem Partner zu retten, war dies unerwünscht. Anerkannte krüppelspezifische Publikumsbeschimpfung verlor ihren Reiz. Als die Konfrontationen dann härter wurden, traten einige Nichtbehinderte die Flucht nach vorne an – Nichtbehinderte erklärten sich selbst zu Behinderten. Jeder wurde zum Behinderten, man saß wieder in einem Boot.
Bei ihrer dekorativen Selbstbezichtigung setzten die Nichtbehinderten unüberlegt Perfektion und Normalität gleich. Man muß nicht perfekt sein, um normal zu sein. Wer nicht perfekt ist, ist noch lange nicht behindert. Perfektion ist eher ein theoretischer Zielpunkt, eine Art Richtungsangabe.

Normalität dagegen braucht überhaupt nicht definiert zu werden. Sie bestimmt sich durch Aussonderung. Was nicht ausgesondert wird, ist normal.

Wir Krüppel jedoch erkannten den Unterschied zwischen uns und einem »normalen« Fußballspieler, für den es normal ist, im gegnerischen Strafraum behindert zu werden, sehr genau.

Wir fanden es daher ehrlicher, den Begriff des Krüppels wieder einzuführen. Dies auch mit dem Ziel, zur Auseinandersetzung zu animieren. Trotz aller Konkurrenz gab es damals zwischen den »Emanzipations«-Behinderten bei dem Wort Krüppel keine Kontroverse. Denn bei dem Wort Krüppel spielte auch, obwohl nicht primär, die Orientierung an eine andere Gruppierung eine Rolle. Durch die Selbstannahme eines diskriminierenden Begriffes verglichen wir uns mit den Homosexuellen, die sich selbst als Schwule bezeichneten. Dadurch erhofften wir uns die gleiche Akzeptanz im fortschrittlich kritischen Spektrum.

Dieses Vorhaben scheiterte. Es wurde der Unterschied ignoriert, der darin liegt, ob wir uns selbst Krüppel nennen oder fortschrittliche Hobbypartner dieses Wort wieder offen gebrauchen, um zu zeigen, daß sie auf dem absolut »richtigen, lockeren, vorurteilsfreien Trip gegenüber Behinderten sind«. Zusätzlich wurde unsere Selbstbezeichnung mißbraucht, um die alte, verachtenswerte Bedeutung des Wortes Krüppel wieder neu einzuführen. »Wir dürfen sie ja wieder Krüppel nennen, sie nennen sich ja wieder selbst so«, hieß es.

Der Versuch, dem Wort Krüppel einen neuen positiven Inhalt zu geben, scheiterte.

Einige unsolidarische Gedanken zum Wort Solidarität

Solidarität setzt die Unterteilung der Menschen in Starke und Schwache voraus.

Solidarität zementiert damit die Überlegenheit des Starken. Wer kennt nicht die Sprüche: Die Solidarität der Starken mit den Schwachen ist gefordert.

Solidarität gegenüber Randgruppen ist meist nicht mehr als ein gnadenvoller Akt.

Solidarität ist immer an gesellschaftliche Bedingungen gebunden und orientiert sich an den Normalitätsinteressen von Nichtbehinderten.

Solidarität fordert subtil unterwürfige »Zwangsdankbarkeit«.

Solidarität ist meist Heuchelei und ein Nichternstnehmen von Benachteiligten, was am deutlichsten durch wohlwollende menschliche Reden zum Ausdruck gebracht wird, nach dem Motto: »Wir müssen den Betroffenen das Gefühl geben, daß sie auch gebraucht werden«, womit letztendlich deutlich wird, daß die so geliebten Betroffenen eigentlich unnütz sind.

Solidarität ist Auseinandersetzungsverweigerung. Notwendige Konflikte werden, durch scheinbare Unterstützung auf Grundlage von Nichtbehinderteninteressen vertuscht.

Solidarität ist beliebig nach den Interessen der Normalen interpretierbar. Mittlerweile gilt in gewissen Kreisen die Tötung von Behinderten und Kranken schon wieder als erstrebenswerte Solidarität mit den Leidenden (solidarisches Handeln aus der Innenperspektive des Leidenden).

Solidarität muß in ihrer jetzigen Funktion als gewaltfördernder Begriff abgeschafft werden.

Behinderte Militanz

Gewalt als Mittel zur Sichtbarmachung gesellschaftlicher Mißstände wird von den meisten Menschen abgelehnt. Allerdings zeigt das Auftreten von Gewalt der Öffentlichkeit, wann eine gesellschaftliche Gruppe die sie betreffenden Zustände für unerträglich hält. Findet keine Gewalt statt, so gilt der Mißstand, wie oft er auch angesprochen werden mag, in den Augen der meisten Leute zumindest noch als aushaltbar. Dieser Sachverhalt ist nicht der Hauptaspekt der Behindertenverachtung, gehört jedoch dazu. Denn bei einer großen Anzahl von Behinderten fehlen unabhängig von der Frage der Legitimation von politischer Gewalt einfach die körperlichen Voraussetzungen. Das soll nicht heißen, daß militante Widerstandsformen bei Behinderten ausgeschlossen sind; nur werden sie bei uns nie so verbreitet sein wie bei vielen anderen gesellschaftlichen Randgruppen. Im übrigen besteht bei vielen Behinderten wegen des Wissens, daß meist erst Militanz Gehör verschafft, die permanente Gefahr einer Militanzhochstapelei – was die Verleugnung der eigenen körperlichen Einschränkungen einschließt.

Bei Nichtbehinderten provoziert umgekehrt das Bild vom militanten Behinderten häufig eine nicht ganz ernst gemeinte Akzeptanz, aus der Sicht Normaler ist Krüppelmilitanz leicht aushaltbar. Man weiß ja, daß man im Ernstfall von Krüppeln wirklich nichts zu befürchten hätte. Trotzdem hatten wir mit unserer »Militanz«, dem Stören von Veranstaltungen, Blockaden usw. des öfteren Erfolge. Zumeist auf der Grundlage der verlogenen Restmoral vieler Nichtbehinderter: Um nicht als inhuman zu gelten, ging man nicht körperlich gegen uns vor, auch wenn wir uns noch so »daneben benahmen«. An diese Verhaltenskultur hielten sich viele unserer Wohltäter, wenn auch innerlich tobend.

Wir sollten uns keine Illusionen mehr machen: Die Norma-

lität wird sich aus dieser ihrer verlogenen Restmoral befreien. Je stärker uns die Gesund-Normalen als verhinderbare Zumutung begreifen, um so stärker werden sie gegen uns vorgehen. Sie werden ihre gesteigerte Aggressivität damit begründen, das sie nicht ewig Opfer moralischer Erpressung sein wollen. Endlich scheint sich ein offenes Verhältnis zwischen Behinderten und Nichtbehinderten anzubahnen.
Die Todesbedrohung, die für uns Behinderte in der Eröffnung der Euthanasiedebatte liegt, können wir nicht dadurch beseitigen, daß wir selbst Leid und Krankheit ignorieren.
Eine beliebte Methode einiger Behinderter ist es, den spätmodernen flotten Krüppel zu spielen. Dabei hoffen einzelne Behinderte, sich durch persönliche Nichtbehinderten-Anerkennung individuelle Überlebensnischen zu schaffen. Der Kampf ums eigene Dasein wird spekulativ vom Anerkennungsbeifall »fortschrittlicher« Normaler abhängig gemacht. Die Folge: Notwendiger Widerstand wird zur Bewußtseins-Show degradiert. Um den Ruf des »Bösartigen« zu vermeiden, der selbst den solidarischen Nichtbehinderten das Glück der Gesundheit nicht gönnt, wird die eigene Konfliktfähigkeit abgebaut. Das illusionäre Bild des souveränen, kämpferisch-emanzipierten Widerstandskrüppels, der die Bedrohung fest im Griff hat, wird zunehmen.
Da der Widerstandsemanzipierte nicht leiden darf, ist es für ihn selbstverständlich, daß er Wehleidigkeit verachtet. Damit verübt er Sabotage an der eigenen Sache. Denn wir haben auch ein Recht auf unser Leiden. Das soll nicht im geringsten heißen, daß wir alles jammernd ertragen sollen. Doch Leiden und Haß sind untrennbar miteinander verbunden. Ohne Haß ist kein Widerstand möglich. Der abgecoolte Widerstandskrüppel jedoch ist verführbar, gesellschaftliche Entwicklungen zu ignorieren. Er entlastet die Täter. Wenn die Leidenden darauf verzichten, ihr Leiden zu zeigen, geraten die Leidverursacher aus dem Blick.

Bei dem Versuch, die fortschreitende Bedrohung unserer Existenz aufzuhalten, dürfen wir die zarten Solidaritätsansätze von Nichtbehinderten nicht überbewerten. Nicht selten entsprang diese neue Solidarität lediglich einem schlechten Gewissen.

Unsere Chancen zur Verteidigung unserer Lebensberechtigung sind äußerst gering. Nur dann, wenn wir fähig sind, uns von unserem – verständlichen – Zwangsoptimismus zu befreien, können wir minimale Überlebenschancen erkennen. Verantwortungslos wäre es, im Namen selbstangemaßter politischer Verantwortung uns selbst und anderen Optimismus vorzulügen. Ungeduldiges Hoffen, daß sich Nichtbehinderte diesmal wirklich entschieden für unsere Lebensberechtigung einsetzen, bringt uns nicht weiter. Im Gegenteil, wir entledigen uns dadurch scheinbar der Notwendigkeit zum eigenen Handeln.

Wir müssen die Bedrohung erkennen; auch die, die von uns selbst gegen uns ausgeht. Wie bei jeder anderen gesellschaftlichen Gruppe gibt es auch bei uns Opfer und Täter; wobei ich den »Tätern« nicht bewußtes Verhalten unterstelle. Der Anpassungsdruck an die Nichtbehinderten ist, angesichts des verschärften Klimas, enorm. Doch gerade in dieser Situation dürfen wir die Normalen nicht kritiklos umwerben.

Ich denke, daß unsere einzige, wenngleich minimale Überlebenschance darin besteht, von vorneherein unmißverständlich klarzumachen, daß es nicht möglich sein wird, unsere geplante Tötung als humane Erlösung zu verschleiern.

Daher können wir uns, dies sei noch einmal betont, kein Anpassungsbündnis mit Nichtbehinderten erlauben. Auch haben wir keine Zeit, auf ein ehrliches und tragfähiges Bündnisangebot von ihnen zu warten; wenn es uns nicht mehr gibt, hätten wir unsere einzige Möglichkeit, gegen die Euthanasie vorzugehen, vertan.

Wir können und müssen verhindern, daß sie töten unter dem Deckmantel des Schweigens.

Anmerkungen

1. Peter Singer, Praktische Ethik, Stuttgart 1984
   Anton Leist (Hrsg.), Um Leben und Tod, Frankfurt am Main 1990
   Richard M. Hare, Das mißgebildete Kind, in: Anton Leist, s. o.
2. Fritz Brupbacher, Wann ist die ärztliche Abtreibung rechtswidrig?, Zürich 1924, dort S. 84 – 88: Die eugenische Indikation
3. Rosa Luxemburg, in: Vladimir Koralenko, Die Geschichte meines Zeitgenossen, Frankfurt am Main 1970, Vorwort
4. Z. B.: Das Hitler-Gesetz zur Kastrierung Mißliebiger, in: Kämpfer, Zürich, 28. 7. 1933, oder: Verhütung erbkranken Nachwuchses, in: Tagesanzeiger, Zürich, 1. 8. 1933
5. Peter Singer, a. a. O., S. 183
6. Reinhard Merkel, Der Streit um Leben und Tod, in: DIE ZEIT, 23. 6. 1989, S. 16
7. Susanne von Paczensky u. a., Krüppelschläge, in: Konkret, Nr. 4, 1989
8. Gerhard Jahn, Interview in: Katholische Nachrichten, 18. 11. 1971
9. Andreas Fröhlich, Dokumentation zur Situation Schwerstbehinderter, Staufen im Breisgau 1978, S. 122–123
10. In: Gesundheitsmagazin Praxis, ZDF, Herbst 1986, nach: Zusammen, Heft 2, Februar 1987, S. 9
11. In: Leute, Talk-Show, SFB, 14. 11. 1986
12. In: Zusammen, Heft 2, Februar 1987, S. 87
13. Streitgespräch mit Antje Vollmer, in: DER SPIEGEL, Nr. 42, 1986
14. Henri Caillavet, in: Euthanasie und Kostensenkung, hrsg. v. Club of Life, Frankfurt am Main 1988, S. 18
15. Europäisches Parlament, Petition Nr. 357/88, Gesetzentwurf zur Verringerung der Zahl anomaler Kinder, 5. 10. 1988
16. Schriftliche Begründung zum Gesetzentwurf vom 5. 10. 1988, a. a. O.
17. ibd.
18. ibd.
19. ibd.

19a. Claire Bretécher, Durchgefallen, in: Die Mütter, Hamburg 1983

20. Der behinderte Mensch und die Eugenik, Referate einer Arbeitstagung, Karlsruhe/Neuburgweier 1969
21. Hans-Heinrich von Stackelberg, Probleme der Erfolgskontrolle präventivmedizinischer Programme – dargestellt am Beispiel einer Effektivitäts- und Effizienzanalyse genetischer Beratung, Dissertation Marburg 1980. Der Autor erhielt für diese Arbeit den Gesundheitsökonomiepreis des Bundesministeriums für Arbeits- und Sozialordnung 1981.
22. In der Sendung »Op'n Swutsch« von Radio Bremen am 4. 11. 1989
23. Peter Singer, a. a. O., S. 84

24. »Stern« Nr. 45
25. »Stern«, Jubiläumsausgabe, 22. 8. 1988
26. ibd.
27. »Hans Henning Atrott schätzt, daß jährlich zwischen 2 000 und 3 000 Menschen nach der schriftlichen Anleitung des DGHS freiwillig aus dem Leben scheiden.« Christel Hoffmann, in: DIE ZEIT, 8. 1. 1988 S. 50
28. In: Christian Mürner, Behinderung als Metapher, Bern 1990, S. 184–185
29. »3 nach 9«, Talkshow, Radio Bremen, 19. 4. 1985
30. Hans Henning Atrott, in: DIE ZEIT, 8. 1. 1988
31. Mitteilungsblatt der LVA Württemberg, 5/88, S. 140
32. ibd.
33. ibd.
34. ibd.
35. ibd.
36. ibd.
37. ibd., S. 144
38. Mitleid allein begründet keine Ethik, DIE ZEIT, Dossier, 25. 8. 1989, Hans Jonas im Gespräch mit Reinhard Merkel und Marion Gräfin Dönhoff
39. Videokassette, Archiv Zivildienstschule Kiel
40. Reinhard Merkel, Der Streit um Leben und Tod, in: DIE ZEIT, 23. 6. 1989
41. ibd., S. 13
42. Anton Leist, a. a. O., darin: Philippa Foot, Das Abtreibungsproblem und die Doktrin der Doppelwirkung, Frankfurt am Main 1990, S. 200
43. Wir folgen sehr strengen Regeln, in: »Stern«, Nr. 34, 1984, S. 130
44. ibd.
45. Pränatale Diagnostik und Gentechnologie, Symposium in Feldkirch/Österreich, 23.–25. 11. 1989
46. Peter Singer, a. a. O., S. 183
47. Persönlicher Prozeßbesuch des Autors beim Landgericht Landshut. Siehe dazu: Süddeutsche Zeitung Nr. 239, 18. 10. 1987
48. Peter Singer, a. a. O.
49. ibd., S. 189
50. ibd., S. 117
51. ibd., S. 84
52. ibd., S. 135
53. ibd., S. 179
54. ibd., S. 183
55. ibd., S. 188
56. Aus einer Einladung zu einer Protestveranstaltung am 9. 6. 1989 in Dortmund: »Euthanasie im Zeitalter der Gentechnologie«, Veranstalter: Deutsche Gesellschaft für soziale Psychiatrie, Genarchiv Essen u. a.

57. Wir wollen die Kraft der Negation sein, in: KONKRET Nr. 11, 1989, S. 43
58. »Publik-Forum«, Materialmappe, Herausgeberin: Doris Weber, Oberursel 1990
59. ibd., S. 35
60. ibd., S. 36
61. ibd., S. 37
62. ibd., S. 37
63. ibd., S. 39
64. ibd., S. 39
65. Symposium »Bio-Technik-Ethik-geistige Behinderung«, geplant für den 4.–8. 6. 1989 von der »Bundesvereinigung Lebenshilfe für geistig Behinderte e.V.«
66. In: DIE ZEIT, Nr. 25, 1989
67. ibd.
68. ibd.
69. Reinhard Merkel, a. a. O.
70. ibd., S. 14
71. ibd., S. 13
72. ibd., S. 16
73. Alternativentwurf eines Gesetzes über Sterbehilfe, Stuttgart/New York 1986
74. 56. Deutscher Juristentag 1986, 3. Abteilung
75. Erklärung der Bischöfe Peter Krusche, Karlheinz Stoll und Ulrich Wilckens, Evangelischer Pressedienst (epd), 27. 6. 1989
76. DIE ZEIT, 14. 7. 1989, S. 1
77. Presseerklärung vom 17. 7. 1989 von ARGE REHAB u. a.
78. Brief an den Intendanten des ORF, Johannes Kunz, vom 14. 7. 1989
79. Werner Vogt, Man kann nicht über alles reden, in: Standard, 19. 7. 1989
80. »Wir müssen damit rechnen, daß unsere Kinder vielleicht nie in den Vollbesitz der unbeschränkten Lebenskräfte, dieser satten, überbordenden Vitalität in Körper und Geist gelangen werden, dieser Fülle und Freude des Seins, dieses Grundvertrauens in andere und sich selbst. Wir werden statt dessen das Behindert-Sein, das Eingeschränkt-Sein, das Halb-Sein, das Unterbrochen-Sein der Kreisläufe, das Nachhelfen, das Helfen-Müssen und das von anderen Abhängig-Sein für ›natürlich‹ und ›normal‹ halten lernen müssen, was es, wie wir ganz genau wissen, nicht ist.« Claudia von Werlhof, »Wir werden das Leben unserer Kinder nicht dem Fortschritt opfern«, in: Tschernobyl hat unser Leben verändert, hrsg. v. Marina Gambaroff u. a., Reinbek 1986, S. 16
81. »Meine Eltern?« fragte er finster. »Ich will sie nicht wiedersehen. Zum Teufel mit ihnen und ihrer ganzen Generation. Sie hätten das alles verhindern können. Sie haben es kommen sehen. Sie haben untätig zugeschaut. Sie haben nicht versucht, uns vor dem Untergang zu beschützen. Warum haben sie uns überhaupt gezeugt, wenn ihnen so wenig an

uns lag?« Gudrun Pausewang, Die letzten Kinder von Schewenborn, Ravensburg 1983
82. Bernd Lötsch, Lorenz zur Diskussion, in: Natur 2, 1989, S. 9
83. ibd., S. 10
84. ibd., S. 10
85. Zitiert nach SPIEGEL, Nr. 34, 1989, S. 173
86. »Moskaus News«, April 1989, S. 11
87. Tierisch süß? Tierisch geil!, in: WIENER, Mai 1988, S. 45 f.
88. in: Deutsches Ärzteblatt, Heft 16, C 783, 1990
89. ibd.
90. »Eine konsistente Ablehnung aller Lebenswertkriterien würde es nach sich ziehen, daß ein Arzt auch dann das Leben eines Patienten verlängern müßte, wenn dies gegen den eigenen Willen des Patienten oder sein bestes Interesse verstößt. Das würde bedeuten, daß Ärzte nicht mehr die Helfer ihrer Patienten wären, sondern oftmals ihre Folterknechte.« ibd., S. C 786
91 Ärzte lockern Schweigepflicht, in: Frankfurter Rundschau, 19. 5. 1990, S. 4
92. H. Helmchen, S. Kanowski, H.-G. Koch, Forschung mit dementen Kranken: Forschungsbedarf und Einwilligungsproblematik, in: Ethik in der Medizin, Bd. 1, Heft 2, 1989, S. 83
93. ibd., S. 94
94. ibd., S. 94
95. ibd., S. 94
96. ibd., S. 97
97. ibd., S. 97
99. Mitleid allein begründet keine Ethik, Hans Jonas im Gespräch mit Reinhard Merkel und Marion Gräfin Dönhoff, DIE ZEIT, Dossier, Nr. 35, S. 9, 1989
100. Karl Sperling, nach »Alles Zufall?«, Mißbildungen nach Tschernobyl, in: »Emma«, Juni 1987, S. 45
101. »Emma«, Juni 1986
102. Ein Jahr nach Tschernobyl, die Sorge wächst, in: »Stern«, Nr. 17, 1987, S. 24
104. Klaus Theweleit, Kann es denn Zeitungen geben nach »Auschwitz«?, in: taz, Jubiläumsausgabe 1989, S. 19
105. Gudrun Pausewang, a. a. O.
106. ibd., S. 87
107. ibd., S. 88
109. ibd., S. 112 und 113
110. ibd., S. 114
111. ibd., S. 115
112. DIE GRÜNEN, Pressedienst, Nr. 88/89, 2. 6. 89
113. Gudrun Pausewang, a. a. O.
114. Rede anläßlich des Gustav-Heinemann-Preises, in: DIE ZEIT, Nr. 2, 1985

115. Wilhelm Roer, Ein Buch macht Schule, Lichtenau 1986
116. Am Fachbereich 13 der Universität Dortmund, 1989
117. DER SPIEGEL, Nr. 38, 1989, S. 75–79
118. Siehe: Frankfurter Rundschau, 11. 4. 1989
119. Frühwarnsymptome, in: taz, 13. 4. 1989, S. 3
120. ibd., S. 3
122. Initiative Frauen-Presse-Agentur, Bonn, April 1989, Nr. 77
123. Frühwarnsymptome, a. a. O.
124. Internationales Symposium für medizinische Ethik, 15.–17. 9. 1989
125. So z. B. Professor Canon, G.R. Dunstan
126. Thomas M. Ruprecht, Christian Jensen im Mitgliederrundbrief der »Ärzte gegen Atomkrieg«, November 1989, S. 52
127. ibd., S. 53
128. ibd., S. 53
129. Erschienen: Stuttgart 1903
130. Erschienen: München 1905
131. ibd., S. 382
132. ibd., S. 382
133. ibd., S. 454
134. Zitat: Franz Christoph
135. Fritz Brupbacher, a. a. O., S. 84–88
136. ibd., S. 84–88
137. Thomas M. Ruprecht, Christian Jensen, a. a. O., S. 53
138. Hans Saner, Vom Anspruch auf ein humanes Sterben, in: Soziale Medizin, 9/89, S. 9
139. Zitiert nach: Sergej Tretjakow, Menschen eines Scheiterhaufens, Moskau 1936, S. 380
140. Friedrich Wolf, Das Recht auf Gesundheit, in: Fritz Wolf, Menschen, 1919, S. 2
141 Zitiert nach: Stuttgart im Dritten Reich, Friedrich Wolf, Ausstellungskatalog, Stuttgart 1983, S.80
142a. ibd., S. 82
143. ibd., S. 82
144. ibd., S. 93
145. ibd., S. 93
146. Aufgekauft von der UFA für den 1930 gedrehten Film »Wege zu Kraft und Schönheit«
147. Stuttgart im Dritten Reich, a. a. O., S. 79
148. G. A. Batkins, Die linke Richtung in der Eugenik, in: Der sozialistische Arzt, 4. Jahrgang, Nr. 1/2, 1928, S. 16
149. A. Grotjahn, Soziale Pathologie, 3. Auflage, Berlin 1923, S. 74
151. G. A. Batkins, a. a. O.
152. ibd., S. 17
153. Zeitmagazin, Nr. 32, 5. 8. 1988, S. 28
154. »Bei Kindern mit Down-Syndrom (»Mongoloide«), die Singer in die

Euthanasie-Diskussion miteinbezieht, wirkt das Argument, man wolle sie von ihren Leiden erlösen, besonders infam. Sie zählen meist zu den lebenslustigsten Menschen, die man sich denken kann.«
Ernst Klee, in: DIE ZEIT, Nr. 27, 30. 6. 1989, S. 58

155. taz vom 18. 12. 1981
156. Karl Jaspers, Schicksal und Wille, München 1967, S. 140
157. Reinhard Merkel, a. a. O., S. 13
158. »Krüppelzeitung«, Hrsg.: Krüppelkollektiv, verantwortlich Horst Flehe, Franz Christoph, Juni 1979

Erica Fischer / Petra Lux
Ohne uns ist kein Staat zu machen
DDR-Frauen nach der Wende

KiWi 225.

Wie erleben Frauen in der DDR die Wende? Arbeiterinnen, Intellektuelle, SED-Funktionärinnen und Feministinnen ziehen Bilanz. Die Autorinnen – eine Journalistin aus Leipzig und eine in der BRD lebende Österreicherin – haben Interviews geführt, sind durch das Land gereist, halten ihre eigenen Eindrücke fest.

KiWi Paperbackreihe bei Kiepenheuer & Witsch

JAN BRAUNS
HANDBUCH FÜR
ZIVILDIENSTLEISTENDE

KiWi 228

Das *Handbuch für Zivildienstleistende* von Jan Brauns ist der umfassendste und seit Jahren bewährte Ratgeber für den Zivildienstleistenden und für denjenigen, der sich über den Zivildienst, seine Möglichkeiten und Varianten informieren will.